Patiencen legen

Von Irmgard Wolter

Humboldt-Taschenbuchverlag

humboldt-taschenbuch 293
Umschlagbild: Werzinger KG, München

Der Original-Titel des Bandes lautet: „Patiencen – durchgespielt in Wort und Bild“
Druck: Presse-Druck Augsburg
Printed in Germany
ISBN 3–581–66293–0

Inhaltsverzeichnis

Die Patience

Wortgetreu übersetzt, heißt Patience bekanntlich Geduld. Man täte der Patience jedoch nicht genug Ehre an, erklärte man sie zu einem ausschließlichen Geduldspiel mit Karten. Für die einfache Patience, deren Spielablauf allein davon abhängt, wie die Karten fallen, ohne daß dies mit dem Verstand beeinflußbar ist, trifft das zu. Daneben gibt es aber viele Patiencen, deren Gelingen geradeso vom Planen, Abwägen und Vorausdenken abhängt wie etwa das Schachspiel.

Alle Patiencen haben dies gemeinsam: Durch Auslegen und Ordnen nach einem Schema müssen die Karten in eine Reihenfolge gebracht werden, die bei den einzelnen Patiencen recht unterschiedlich ist.

Zum besseren Verständnis klären wir zunächst gewisse Ausdrücke, die immer wieder vorkommen:

♣	♠	♡	◇
Kreuz (schwarz)	Pik (schwarz)	Herz (rot)	Karo (rot)

Ein *Spiel* besteht aus einhundertundvier Karten, d. h. aus zwei Kartenpäckchen von je zweiundfünfzig Blatt.

Jedes Päckchen setzt sich aus den sogenannten *Farben* zusammen. Hierbei ist zu bedenken, daß es sich hier nicht um Farben im Sinne von »bunt« handelt, sondern eher um Bilder. Die vier Farben sind: *Kreuz, Pik, Herz* und *Karo.* Eine jede umfaßt dreizehn Karten folgender Werte: As, zwei, drei, vier, fünf, sechs, sieben, acht, neun, zehn, Bube, Dame, König.

Diese vier Reihenfolgen sind die *Stämme* oder auch *Familien.* »Echte Stämme« stellen die steigende oder fallende Folge von As (Eins) bis König in derselben Farbe dar. Als »unechte

Stämme« bezeichnet man eine Reihenfolge, in der die Farben gemischt sein dürfen, also: Kreuz, Pik, Herz und Karo wechseln einander ab, d. h. schwarze Karten – hier ist nun wirklich die Farbe Schwarz gemeint – mit roten.

Nicht immer werden alle Karten sogleich ausgelegt, sondern ein Teil bleibt als sogenannter *Talon* in der Hand des Spielers, und zwar immer so, daß die Rückseite obenauf liegt.

Außerdem fordern manche Patiencen auch noch einen *Hilfsstapel*, der entweder sofort ausgelegt wird oder im Verlauf des Spieles erscheint und abgebaut werden muß, um die Patience zur Lösung, dem *Aufgehen,* zu bringen.

Die zunächst auszulegenden Karten sind das *Bild,* dessen jeweiliger Aufbau den Gang der Patience bestimmt.

Nicht immer brauchen wir alle einhundertundvier Karten. Es gibt Patiencen, bei denen nur zweiunddreißig Verwendung finden oder zweiundfünfzig. Das sogenannte *Skatblatt* (32 Karten) umfaßt viermal acht Karten, nämlich in Kreuz, Pik, Herz und Karo die Folge: sieben, acht, neun, zehn, Bube, Dame, König, As. Die Karten zwei, drei, vier, fünf und sechs müssen also vor dem Abspielen solcher Patiencen entfernt werden.

Keineswegs ist die Patience nur ein Spiel für Einzelgänger! Zwar kann man sie allein spielen, also zur ganz persönlichen Entspannung und Unterhaltung, aber viele Patiencen, besonders die komplizierten, machen mehr Spaß, wenn man sie zu zweit spielt. Wenn der eine Spieler keine Möglichkeit mehr sieht, die Patience zum Aufgehen zu bringen, hat der andere vielleicht eine gute Idee, d. h. er führt eine geschickte Manipulation durch, auf die der andere Spieler allein nicht gekommen wäre.

Daß manche Patiencen dem Schachspiel nicht unähnlich sind, werden wir beweisen. Wir werden einige in verschiedenen Phasen bildhaft darstellen und an eine jede Überlegungen knüpfen, was in eben dieser Phase von allen sich aus ihr ergebenden Möglichkeiten die beste wäre, um die Lösung nicht stocken zu lassen, sondern sie voranzutreiben. Solche bildlichen Darstellungen sind sehr hilfreich; denn es ist mitunter schwierig, wenn nicht gar unmöglich, den Hergang allein mit Worten zu schildern. Die dem Spieler am nächsten liegende Reihe der Kartenauslage ist jeweils mit »unten« bezeichnet.

Erläuterung zur Einleitung: »Die Patience«

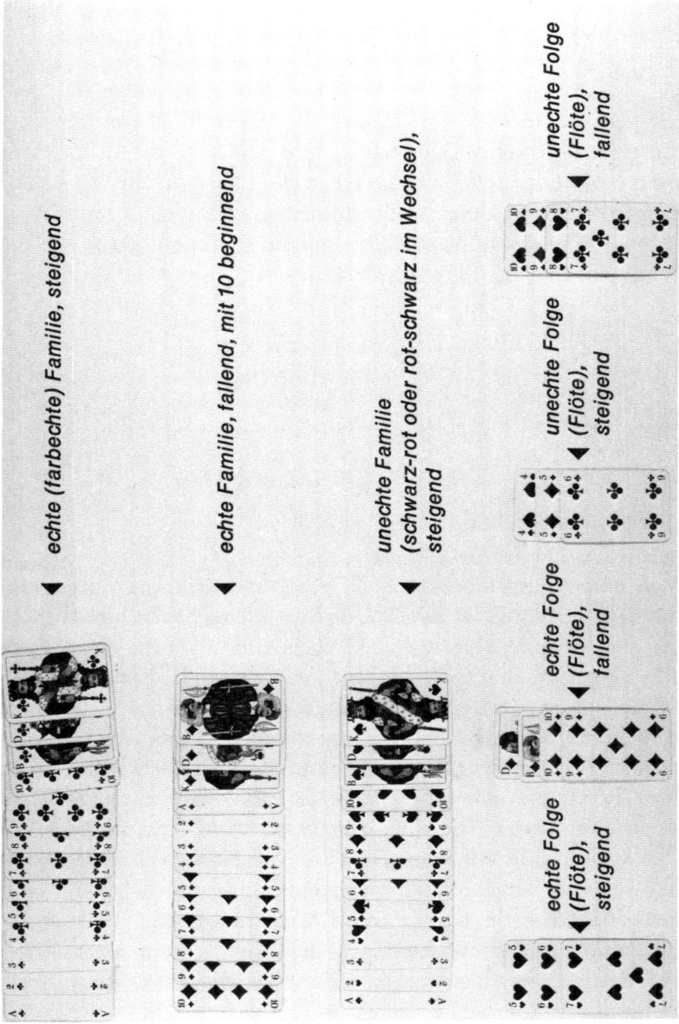

Einfache Patiencen

Sie erfordern keine Denkarbeit, sind also einfach ein Zeitvertreib und auch für Kinder geeignet. Sie haben erfahrungsgemäß großen Spaß an ihnen und erlernen beim Legen solcher Patiencen spielend das Kartenbild und die Reihenfolge, sowie die Werte der einzelnen Karten kennen.

Das Viereck

1 Spiel zu 52 oder zu 32 Blatt

Von einem gutgemischten Spiel zu zweiundfünfzig oder zweiunddreißig Blatt, das man verdeckt vor sich liegen hat, werden die vier obersten Karten abgezogen und in Form eines Vierecks ausgelegt. Erscheinen dabei zwei Karten gleicher Farbe, also zwei Pikkarten, zwei Herzkarten, zwei Kreuzkarten oder zwei Karokarten, werden diese weggenommen, beiseite gelegt und durch zwei neue Karten vom Talon ersetzt. Dies wird so lange fortgesetzt, bis von jeder Farbe je eine Karte auf dem Tisch liegt. Tritt dieser Fall ein, so gerät das Spiel ins Stocken. Die Patience ist nicht aufgegangen. Zum Aufgehen ist es erforderlich, daß man so lange Karten wegnehmen und durch jeweils zwei neue ersetzen kann, bis der Talon aufgebraucht ist.

Es kann natürlich vorkommen, daß *drei* Karten einer Farbe aufliegen; dann aber werden nicht etwa diese drei weggenommen, sondern immer nur zwei.

Abzähl-Patience

1 Spiel zu 32 Blatt

Ein Skatblatt wird offen ausgelegt, und zwar in vier Reihen zu je acht Karten. Jetzt zählt man – links oben beginnend – Reihe für Reihe durch, und zwar: sieben, acht, neun, zehn, Bube, Dame, König, As. Gerät man dabei an Karten, die dem ausgezählten Wert entsprechen, nimmt man sie aus dem Spiel und legt sie beiseite.

Wenn man bei der letzten Karte der vierten Reihe angelangt ist, zählt man oben links bei der ersten Reihe weiter. Da mit der Zeit die Lücken immer größer werden, die durch die weggenommenen Karten entstanden sind, dürfen diese durch Zusammenschieben der noch im Spiel befindlichen Karten ausgeglichen werden.

Gelingt es, durch dies Auszählen alle Karten vom Tisch zu bringen, ist die Patience aufgegangen. Sie gelingt sehr oft.

Abzähl-Patience mit Pfiff

1 Spiel zu 52 Blatt

Ein Blatt mit zweiundfünfzig Karten wird verdeckt auf den Tisch gelegt. Karte für Karte wird umgedreht, wobei gezählt wird: As, zwei, drei, vier, fünf, sechs, sieben, acht, neun, zehn, Bube, Dame, König, As, zwei, drei . . . und so fort. Entspricht die aufgedeckte Karte dem jeweils ausgerufenen Wert – erscheint bei »As« also wirklich ein As, bei »Bube« wirklich ein Bube –, wird diese Karte aus dem Spiel genommen und beiseite gelegt.

Es kann vorkommen, was aber selten geschieht, daß beim Durchzählen keine einzige Karte dem ausgerufenen Wert entspricht. Dann ist die Patience gescheitert.

Nach dem ersten Durchgang wird der Talon – die aussortierten Karten spielen jetzt *nicht* mehr mit – gemischt. Wieder wird abgezählt und weggelegt. Schließlich folgt auch noch ein dritter Durchgang. Ist es nun nicht gelungen, alle Karten beiseite zu legen, gilt die Patience als gescheitert.

Die gute Dreizehn

1 Spiel zu 52 Blatt

Von einem Spiel mit zweiundfünfzig Karten werden zehn offen in einer Reihe ausgelegt. Jede Karte hat ihren Wert, nämlich: As = 1; zwei = 2; drei = 3; .... Bube = 11; Dame = 12; König = 13.

Man prüft nun, welche Karten des ausgelegten Bildes zusammen 13 ergeben. Diese werden weggelegt. Da der König für sich allein 13 zählt, dürfen Könige auch allein für sich herausgenommen werden.

Beispiel: 7, Dame, As, König, König, 3, 6, 8, 5, Bube. Was darf nun weggenommen werden? Zunächst die beiden Könige. Dann die Sieben und die Sechs (7+6=13). Schließlich noch die Dame und das As (12+1=13). Auch die Acht und die Fünf werden weggenommen. Sind nun alle Möglichkeiten erschöpft? Bitte, entscheiden Sie selbst!

Die Lücken werden durch neue Karten vom Talon ersetzt. Dieser darf nur einmal durchgespielt werden. Sind dann alle Karten vom Tisch, ist die Aufgabe gelöst. Andernfalls ist die Patience nicht aufgegangen; die gute Dreizehn wurde also zu einer »bösen«.

Herz zu Herz

1 Spiel zu 32 Blatt

Von einem Skatblatt werden drei Karten abgezogen und offen ausgelegt. Erscheint dabei eine Herzkarte (oder mehrere), wird (werden) sie weggenommen. Im ganzen werden fünfmal je drei Karten vom Talon abgezogen und ausgelegt. Immer wieder werden dabei erscheinende Herzkarten herausgenommen und weggelegt.

Nun werden die auf dem Tisch verbliebenen Karten zusammen mit dem Talon gut durchgemischt. Wieder wird ausgelegt, und zwar wiederum fünf Reihen zu je drei Karten. Und wieder werden alle Herzkarten aussortiert.

Sollten nun alle acht Herzkarten noch immer nicht weggelegt

worden sein, wird zum drittenmal ausgelegt und verfahren wie oben beschrieben.

Liegen danach alle Herzkarten beisammen, abgelegt auf dem Tisch, ist die Patience aufgegangen.

Rot und Schwarz

1 Spiel zu 52 Blatt

Auch diese Patience gehört zu den ganz einfachen, die schon Kinder spielen, auch wenn sie weder lesen, schreiben noch zählen können. Vom Talon zu zweiundfünfzig Blatt wird die oberste Karte abgezogen und offen ausgelegt. Ist es eine rote Karte, kommt daran eine schwarze, und immer so fort, rot und schwarz im Wechsel. War die erstgezogene Karte eine schwarze, so vollzieht sich die Anlage im Wechsel schwarz-rot. Werden Karten vom Talon gezogen, die nicht farbfolgerichtig angelegt werden können, so kommen sie auf den offenen Ablagestapel nebenbei.

Und nun gibt es zwei verschiedene Spielmöglichkeiten: Entweder die jeweils obenauf liegende Karte des Ablagestapels darf zum Farbwechselbau mitverwendet werden, dann geht die Patience sehr oft auf – oder aber sie darf *nicht* zum Anlegen mitbenutzt werden, dann ist sie etwas schwieriger. Im ersten Fall darf der Talon nur einmal durchgespielt werden, dann müssen alle zweiundfünfzig Karten in langer Schwarz-Rot- oder Rot-Schwarz-Schlange daliegen. Im zweiten Fall aber darf der Ablagestapel nach Verbrauch des Talons eingenommen und noch einmal durchgespielt werden. Der nun wiederum entstehende Ablagestapel darf – sofern seine oberste Karte den Anschluß an rot bzw. an schwarz bildet – erst zum Schluß aufgelöst werden. Liegen in ihm mehrere aufeinanderfolgende Karten gleicher Farbe, ist die Patience gescheitert.

Acht-Päckchen-Patience

1 Spiel zu 32 Blatt

Alle zweiunddreißig Karten eines Skatblattes werden ausgelegt, und zwar achtmal je drei Karten verdeckt, und auf diese acht Päckchen je eine offene Karte. Nun prüft man das Bild daraufhin, ob jeweils zwei Karten gleichen Wertes dabei sind, also etwa: zwei Buben, zwei Zehnen ... Die *Farben* spielen dabei keine Rolle. Sollten – was sehr selten vorkommt – überhaupt keine Paare gleichen Wertes aufliegen, also je eine Sieben, eine Acht, eine Neun und so fort bis zum As, dann ist die Patience von vornherein gescheitert.

Paare gleichen Wertes werden abgezogen und weggelegt. Die darunter freigewordenen Karten werden gewendet. Wieder werden Paare gleichen Wertes weggelegt. Das geht so fort, bis die acht Päckchen restlos aufgelöst sind. Gelingt das, ist die Patience aufgegangen.

Nun kommt es häufig vor, daß jeweils drei Karten gleichen Wertes aufliegen. Da aber stets nur zwei weggelegt werden dürfen, hat der Spieler die Qual der Wahl. Er darf sein Glück insofern korrigieren, als er sich die darunter liegenden Karten ansieht. Handelt es sich beispielsweise um je drei Asse, wird er auf jeden Fall eines weglegen, unter dem (verdeckt) nochmals ein As liegt. Warum? Weil er andernfalls Gefahr läuft, die Auflösung zu blockieren.

Ist die Patience aber bereits soweit gediehen, daß unter einer der drei gleichwertigen Karten gar keine verdeckte mehr liegt, läßt er diese unangetastet und nimmt die beiden anderen; denn: Wo nichts mehr verdeckt liegt, kann auch nichts blockiert werden.

Gleiche Farben zudecken

1 Spiel zu 32 oder zu 52 Blatt

Diese Patience kann mit zweiunddreißig oder mit zweiundfünfzig Karten gespielt werden. Vom Talon werden die obersten vier Karten abgezogen und offen ausgelegt. Sind dabei zwei von einer Farbe – der *Wert* spielt keine Rolle –, werden sie mit zwei neuen Karten vom Talon so zugedeckt, daß diese wiederum offen daraufgelegt werden. Befinden sich drei oder gar vier Karten gleicher Farbe im Bild, werden sie allesamt zugedeckt! Also beispielsweise drei Kreuzkarten, vier Pikkarten ... Die Patience ist aufgegangen, wenn es dem Spieler so gelingt, den ganzen

Talon auf den Tisch zu bringen. Andernfalls, d. h. wenn einmal vier Karten von vier verschiedenen Farben aufliegen, also eine Kreuzkarte, eine Pikkarte, eine Herzkarte und eine Karokarte, ist die Patience gescheitert.
Das Spiel kann dadurch vereinfacht werden, daß nicht nur Karten gleicher Farbe zugedeckt werden dürfen, sondern außerdem auch solche gleichen Wertes. Zum Beispiel: Kreuz-König und Herz-König oder Pik-Acht und Karo-Acht.

Königin, König und Kronprinz

1 Spiel zu 52 Blatt
Eine einfache Patience, wie man sie gern einmal zur Entspannung legt. Sie ist auch für Kinder geeignet, die an ihr spielerisch die Kartenfarben und -werte erlernen können. Überdies ergibt die Patience ein hübsches Bild, weil die Damen, Könige und Buben obenauf liegen, wenn sie aufgeht.
Aus einem Spiel zu zweiundfünfzig Blatt werden die vier Damen aussortiert, die vier Fünfen und die vier Sechsen. Die vier Damen werden als oberste Reihe offen ausgelegt, darunter – ebenfalls offen – die vier Fünfen unter die Damen und die vier Sechsen – offen – unter die vier Fünfen. Die restlichen vierzig Karten halten wir verdeckt in der Hand. Es gilt nun, echte Familien zu bauen, und zwar auf die Fünfen in fallender Folge, auf die vier Sechsen in steigender Folge. Das heißt: durch entsprechenden Aufbau müssen auf der Herz-Fünf die Herz-Vier liegen, Herz-Drei, Herz-Zwei, Herz-As und Herz-König. Die Pik-Familie endet entsprechend mit dem Pik-König und so fort. Auf die Kreuz-Sechs kommt die Kreuz-Sieben, Kreuz-Acht, Kreuz-Neun, Kreuz-Zehn und der Kreuz-Bube. Herz-, Karo- und Pik-Familien enden also mit Herz-, Karo- und Pik-Buben. Und damit ist Schluß, denn die vier Damen, als verbindendes Glied, waren ja herausgelegt worden. Sie »spielen nicht mit«, sondern dienen nur dazu, das hübsche Bild: *Königin, König* und *Kronprinz* zu vervollständigen.
Wir ziehen nun Karte für Karte vom Talon ab und prüfen, ob wir sie anlegen können. Nicht passende Karten werden offen übereinander nebenbei gelegt. Die jeweils oberste Karte des ab-

gelegten Kartenstapels darf zum Anbau mitbenutzt werden. Legten wir also etwa eine Karo-Zehn als unbrauchbar ab, weil die Karo-Familie erst bis zur Karo-Acht gediehen ist, und wenden wir danach die Karo-Neun vom Talon um, dann darf zunächst die Karo-Neun an die Karo-Familie gelegt werden und dann die Karo-Zehn vom Ablagestapel.
Nachdem der Talon einmal durchgespielt worden ist, nehmen wir die abgelegten Karten ein, mischen sie und legen wiederum aus. Dies dürfen wir auch noch ein zweites Mal tun, so daß unser Talon im Ganzen also dreimal durchgespielt wird. Dann aber müssen Königin, König und Kronprinz offen daliegen, als Schlußkarten ihrer Familien.
Beim ersten Durchspielen unseres Talons sind wir wahrscheinlich noch nicht allzu weit gekommen, beim zweiten geht es gewiß schon besser, weil ja nun weniger Karten vorhanden sind. Je weniger Karten, desto größer die Anbauchancen. Beim dritten Durchspielen geht die Patience oft auf, wobei wir freilich nicht vergessen dürfen, nach Abziehen einer jeden Karte vom Talon auch die jeweils obenauf liegende Karte vom Ablagestapel auf ihre »Anbaufähigkeit« hin zu prüfen!

Die Hochzeit

1 Spiel zu 52 Blatt
Aus einem Spiel zu zweiundfünfzig Blatt werden Herz-Dame und Herz-König herausgenommen. Die Herz-Dame wird offen ausgelegt, der Herz-König wird als letzte Karte unter den Talon geschoben. Jetzt ziehen wir Karte für Karte vom Talon ab und legen sie offen in einer Reihe neben die Herz-Dame. Liegen dabei zwei Karten gleicher Farbe oder gleichen Wertes nebeneinander, werden sie eingenommen und beiseite gelegt. Liegt aber eine Karte so, daß sie zwischen zwei Karten gleicher Farbe oder gleichen Wertes erscheint, dann darf sie herausgenommen werden. Das darf auch dann noch geschehen, wenn zwei solche Karten als »Störenfriede« zwischen zwei Karten gleicher Farbe oder gleichen Wertes liegen. Nachdem die Karte weggenommen und abgelegt ist (die Karten weggenommen

sind), werden die nunmehr vereinten Karten gleicher Farbe oder gleichen Wertes aneinandergeschoben, *nicht* aber aus dem Spiel genommen!
Beispiel: Herz-Dame, Kreuz-Vier, Karo-Sieben, Pik-Vier. Die Karo-Sieben darf entfernt werden, Kreuz-Vier und Pik-Vier liegen nun beisammen, dürfen aber *nicht* aus dem Spiel genommen werden. Als nächste Karte legen wir nun vielleicht eine Pik-Zehn aus. Jetzt liegen also zwei Karten gleicher Farbe nebeneinander, nämlich zwei Pik-Karten. Sie werden herausgenommen und weggelegt.
So geht das weiter, bis der ganze Talon aufgebraucht ist. Soll die Patience aufgehen, müssen nun alle Karten abgelegt sein, so daß der Herz-König (unterste Karte unseres Talons) neben der Herz-Dame liegt. Das Paar ist vereint, die Hochzeit kann gefeiert werden!

Zweimal vier

1 Spiel zu 52 Blatt
Unser Spiel zu zweiundfünfzig Blatt wird zehnmal durchgenommen, und zwar so, daß wir Karte für Karte vom Talon ziehen und dabei aufsagen: Zwei, Drei, Vier ...... Dame, König, As, Zwei, Drei ... und immer so fort. Entspricht die abgezogene Karte dem aufgesagten Wert, wird sie herausgelegt. Zehnmal darf der Talon durchgespielt werden. Dann sehen wir uns die herausgelegten Karten an. Sind mindestens einmal vier Karten des gleichen Wertes darunter, also etwa vier Buben, dann ist die Patience geglückt. Ganz »groß« gelungen ist sie, wenn wir gar zweimal je vier Karten eines Wertes herauslegen konnten.
Ein recht anspruchsloser Zeitvertreib, gut geeignet zum »Orakeln«. Ein Wunsch also »geht immer dann in Erfüllung«, wenn wir einmal oder gar zweimal vier Karten gleichen Wertes ablegen konnten.

Die Harfe

1 Spiel zu 52 Blatt oder 2 Spiele zu je 52 Blatt

Es gibt sie in »klein« und in »groß«, d. h., daß man sie sowohl mit zwei Spielen, also mit einhundertvier Blatt legen kann, als auch mit einem Spiel, also mit zweiundfünfzig Blatt. Die Spielregeln sind die gleichen; befassen wir uns zunächst mit der »kleinen Harfe«.

Vom Talon ziehen wir Karten ab und legen unser Bild: 1. Reihe sechs Karten verdeckt, die siebente offen, 2. Reihe, schuppenförmig unter der ersten, fünf Karten verdeckt, die sechste offen. 3. Reihe vier Karten verdeckt, die fünfte offen, 4. Reihe drei Karten verdeckt, die vierte offen. 5. Reihe zwei Karten verdeckt, die dritte offen. 6. Reihe eine Karte verdeckt, eine offen. 7. Reihe eine Karte offen. Jetzt betrachten wir unser Bild, das dem einer Harfe gleicht.

An die unten offen liegenden Karten soll fallend gebaut werden, und zwar rot-schwarz, schwarz-rot im Wechsel. Frei daliegende Asse werden sofort herausgenommen und als Grundkarten vier farbechter, steigender Familien extra aufgelegt. Sollten Anschlußkarten im Bild sein, z. B. zu einem herausgelegten Herz-As die Herz-Zwei und sogar noch die Herz-Drei, so kommen diese sogleich auf ihr As. Die darunter frei gewordenen verdeckten Karten werden umgedreht (immer nur die jeweils unterste!) und – falls möglich – ebenfalls zum Bau der Familien oder der fallenden, farbunechten Folgen verwendet. Liegt im Bild etwa eine Pik-Zehn (schwarz) als unterste Karte einer senkrechten Reihe, so paßt daran entweder eine rote Herz-Neun oder eine rote Karo-Neun. Ihnen würde dann, sobald es sich ergibt, die Anschlußkarte (fallend, in der Gegenfarbe) folgen müssen.

Geht gar nichts mehr, ziehen wir Karte für Karte vom Talon und prüfen sie auf ihre eventuellen Verwendungsmöglichkeiten. Unbrauchbare Karten kommen o f f e n auf den Ablagestapel; die jeweils oberste des Ablagestapels spielt mit!

Entstehen durch Auflösung senkrechter Reihen Freiplätze in der obersten waagerechten Reihe, so dürfen hierin *nur* Könige gelegt werden bzw. solche Könige, an denen bereits farbunechte, fallende Folgen »hängen«. Gibt es hierfür keine Möglichkeit, bleiben die Plätze so lange frei, bis ein König auftaucht.

Wenn der Talon durchgespielt ist, wird der Ablagestapel eingenommen und nun – wiederum als Talon – durchgespielt. Dies darf so oft wiederholt werden, bis die Patience entweder aufgegangen oder gescheitert ist, also in irgendeiner Phase so festgefahren, daß trotz wieder und wieder abgezogenen Talons keine Auf- und Anbaumöglichkeiten mehr vorhanden sind.

Die »Harfe« hat ihre Tücken. Liegen die Asse nämlich weit oben im Bild verdeckt, so daß wir schwer an sie herankommen, haben wir lange Zeit keine Möglichkeiten, Familien aufzubauen. Es bleibt uns dann allein der Bau unechter, fallender Folgen.

Geradeso schlecht ist es, wenn sich die Könige im Talon befinden statt im Bild. Diese werden wir ja erst dann los, wenn in der obersten Waagerechten Freiplätze entstehen.

Eine kleine – erlaubte – Hilfe: Von einer Folge darf auf die andere umgepackt werden, wenn dadurch eine zum Familienbau benötigte Anschlußkarte frei wird. Beispiel: Wir haben da die Folge: schwarzer Bube, rote Zehn, schwarze Neun, rote Acht, schwarze Sieben. Und wir haben eine weitere Folge: rote Dame, schwarzer Bube. Wir brauchen zum Aufbau einer Familie als Anschlußkarte just jenen Buben, an dem Zehn, Neun, Acht, Sieben hängen. Also packen wir diese Karten d e m schwarzen Buben jener Folge auf, die mit einem solchen endet. Wir müssen freilich streng darauf achten, daß die einmal begonnene Rot-Schwarz- oder Schwarz-Rot-Folge erhalten bleibt. Es darf innerhalb der Folgen also keinesfalls so umgebaut werden, daß nun etwa zwei aufeinander folgende schwarze Karten lägen (oder zwei rote hintereinander).

Nun gibt es allerdings noch eine »Sondermöglichkeit« für jene, die sich nicht allzu streng an die Regeln halten, daß in der obersten Reihe nur Könige offen liegen dürfen, an die Familien gebaut werden. Diese Möglichkeit: Die Freiplätze in der obersten Reihe (wir haben dort beispielsweise, nachdem wir Karten der ersten Reihe an unterste Karten der weiteren Reihen anlegen konnten, nur fünf Karten statt sieben) dürfen – wenn gar nichts mehr geht – durch eine offen liegende Karte vom Bild oder durch eine ganze Folge besetzt werden, wodurch wieder eine verdeckte Karte frei wird, die, nach Umwenden, vielleicht neue Chancen ergibt und die Patience doch noch gelingen läßt. Da wir in unserem angenommenen Falle zwei solcher Freiplätze haben, besetzen wir erst *einen*, schöpfen dann alle eventuellen Möglichkeiten aus und besetzen schließlich auch den zweiten Freiplatz – dann nämlich, wenn die Patience von neuem ins Stocken geraten sollte.

Und nun noch ein paar Worte zur »großen Harfe«. Sie wird mit einhundertvier Karten gespielt; die erste Reihe enthält zehn Karten, die zweite neun und so fort bis zur letzten Reihe mit einer – offenen – Karte. Die »große Harfe« ist insofern interessanter, als ja acht Familien gebaut werden, alle Werte achtfach vorhanden sind, wir also öfter die Wahl haben zwischen mehreren Entscheidungen. Auf diese Weise kann die »einfache« Patience zu einer »mittelschweren«, aber spannenderen werden.

Mittelschwere bis schwierige Patiencen

Was ist schwer? Was ist einfach? Patiencespieler werden hierüber sehr geteilter Meinung sein. Was für Geübte fast ein »Kinderspiel« ist, stellt sich dem Anfänger als recht kompliziert dar. Weil wir hoffen, mit diesem Buch viele neue Patience-Freunde zu gewinnen, solche also, die bisher dies Spiel nur vom Hörensagen oder vom Zusehen kannten, haben wir es auf eben diese Anfänger abgestimmt. Der Fortgeschrittene sei also nachsichtig, wenn er ein Patiencespiel als mittelschwer eingestuft findet, das für ihn nicht schwierig ist, oder eines als sehr schwierig, das ihm nur mittelschwer erscheint.

Außerdem gibt es Menschen, die einen ausgeprägten »Kartenverstand« besitzen, der ihnen gleichsam in die Wiege gelegt wurde. Andere hingegen müssen sich erst einarbeiten, bevor sie mit den Karten und ihrem oftmals recht eigenwilligen und launenhaften Wesen Freundschaft schließen. Das ist so wie mit der Mathematik. Einer schüttelt den binomischen Lehrsatz aus dem Ärmel, ein anderer kapiert ihn keineswegs auf Anhieb, sondern braucht seine Zeit, bis er ihn perfekt beherrscht und folgerichtig anwendet. Gäbe es Zensuren fürs Kartenspiel, wären sie geradeso abgestuft von »Eins« bis »Sechs«, wie dies im Schulfach Mathematik der Fall ist. Weil wir – um im Bilde zu bleiben – gute und gründliche Lehrer sein wollen, haben wir uns für die »schwachen Schüler« so ausführlicher Erklärungen bedient, wie sie für die »guten Schüler« nicht unbedingt erforderlich wären.

Nur so ist der Weg zum Verständnis frei und gangbar für *jedermann.* Wir bitten also die Leute mit Kartenverstand um Nachsicht mit jenen, die über einen solchen nur begrenzt oder gar nicht verfügen, aber dennoch zu fleißigen und frohgemuten Patience-Freunden werden wollen!

Der Eiffelturm

2 Spiele zu je 52 Blatt

Eine Patience, bei der es allein darauf ankommt, sich nicht zu verrechnen.

Wir brauchen zwei Spiele zu je zweiundfünfzig Blatt, die wir mischen und folgendes Bild vom Talon auslegen: Als Basis zwei Reihen übereinander zu je fünf offenen Karten; darüber eine Reihe zu vier Karten, darüber eine Reihe zu drei Karten, darüber eine Reihe zu zwei Karten, darüber eine Karte. Legen wir dies Bild pyramidenförmig, ergibt sich eine Figur, die dem Eiffelturm ähnelt, woher die Patience ihren Namen hat.

Jetzt ziehen wir Karte für Karte vom Talon und legen jede auf so eine Karte, mit deren Wert addiert der Wert der aufgelegten Karte 14 ergibt.

Die Kartenwerte sind: As = 1, Zwei = 2, Drei = 3 ..... Zehn = 10, Bube = 11, Dame = 12, König = 13.

Nun können wir aber auf solche – nun obenauf liegende – Karte wieder eine passende vom Talon legen, die mit dieser oben liegenden wiederum den Wert 14 ergibt. Wohin wir bauen, ist gleichgültig. Liegen also etwa drei Damen im Bild, kann auf diese oder jene eine Zwei gelegt werden, denn: 12 (Wert der Dame) + 2 = 14.

Ziehen wir eine Karte vom Talon, die mit keiner des Bildes zusammen 14 ergäbe, so legen wir sie offen neben das Bild und verwenden sie, sobald sich hierfür durch weiteres Abziehen von Talonkarten und deren Auslegen hierfür eine Möglichkeit ergibt. Es darf aber immer nur eine einzige Karte offen nebenbei liegen. Geraten wir an eine zweite unbrauchbare, so ist die Patience gescheitert.

Geht sie aber auf, so liegen da im »Eiffelturm« diese Folgen: As – König, König – As, immer wechselnd, Zwei – Dame, Dame – Zwei, Drei – Bube, und so fort. Es sind ja immer nur je zwei Karten zweier Werte, die sich zu 14 ergänzen.

Geht das denn überhaupt? Es geht; denn alle Werte unserer zweimal zweiundfünfzig Karten ergeben zusammen eine Zahl, die durch vierzehn teilbar ist.

Acht Asse	Acht Dreien
= 8	= 24
Acht Zweien	Acht Vieren
= 16	= 32

Bitte, rechnen Sie selbst weiter. Zum Schluß haben wir dann acht Könige = 104. Alle diese Werte ergeben addiert 728. 728 : 14 = 52!

Diese Patience ist nützlich für Kinder, die bereits rechnen können und sich mittels des »Eiffelturms« mit den Kartenwerten vertraut machen sollen. Sie macht aber auch Erwachsenen Spaß, weil sie durch Konzentration zur Entspannung führt.

Vater, Mutter und Kinder

1 Spiel zu 52 Blatt

Dies ist ein echtes Geduldspiel mit Karten. Es beruht auf demselben Prinzip wie das von Albrecht Dürer erfundene Spiel mit numerierten Klötzchen. Die Überlieferung berichtet, der große Maler und Erfinder habe sich mit diesen Schiebeklötzchen die Zeit vertrieben, als ihm, dem nach längerer Krankheit Genesenden, vom Arzt noch immer strenge Bettruhe verordnet worden war. Weil das Spiel wenig Platz erfordert, kann es in der Tat »auf der Bettdecke« gespielt werden, ist also z. B. für Kranke ein so guter Zeitvertreib, wie die Klötzchen es für Albrecht Dürer waren.

Einem Spiel zu zweiundfünfzig Blatt werden die dreizehn Karten einer Familie entnommen, also etwa Pik-As, Pik-Zwei, Pik-Drei . . . . . Pik-Zehn, Pik-Bube, Pik-Dame, Pik-König. (Wer Herz freundlicher findet, nimmt die Herz-Familie.)

Auf ein Stück festen Kartonpapiers zeichnen wir dreizehn Felder, in deren jedes eine Karte hineinpaßt, und zwar sieben Felder in einer Waagerechten, sechs Felder in der Waagerechten darunter, so daß der vierzehnte Platz, rechts unten, frei bleibt.

Und nun mischen wir unsere Familie gut durch und legen die Karten der Reihe nach offen auf die Felder. Durch Verschieben in allen vier Richtungen, also von oben nach unten, von unten nach oben, sowie von rechts nach links und von links nach rechts, wollen wir erreichen, daß die Familie am Ende hübsch geordnet

beisammen liegt, und zwar: in der oberen Waagerechten von links nach rechts der König, die Dame, der Bube, die Zehn, die Neun, die Acht, die Sieben. In der unteren Waagerechten, wieder von links nach rechts: Sechs, Fünf, Vier, Drei, Zwei und As.
Unser vierzehntes Feld (rechts unten) ist nun wieder frei. Es wurde allein zum Rangieren benötigt. Hierbei durfte – ja mußte – es natürlich besetzt werden, um dafür ein anderes Feld freizumachen, weil andernfalls ein ordnendes Rangieren ja unmöglich gewesen wäre. Mitunter will das gar nicht klappen. In so einem Fall dürfen wir umdisponieren und versuchen, eine andere Reihenfolge herzustellen, bei der erst die Kinder erscheinen, vom kleinsten (As) bis zum größten (dem Buben), an den sich als letzte dann Mutter (Dame) und Vater (König) anschließen.
Dies Spiel macht natürlich auch Gesunden viel Spaß. Freilich dauert es seine Zeit. Aber Patiencelegende nehmen sich diese Zeit gern.

Der Fächer

1 Spiel zu 52 Blatt

Dies ist eine sehr unterhaltsame Patience, die wir schon zu den mittelschweren rechnen dürfen; denn es gilt, gut aufzupassen, um alle Möglichkeiten auszuschöpfen. Wir stellen sie Ihnen deshalb im Bild vor, und zwar zeigen wir Ihnen eine erste Auslage und den Spielstand bei der zweiten Auslage (s. S. 26 u. 27).
Aus zweiundfünfzig gut gemischten Karten werden die vier Asse herausgenommen und an den unteren Rand des Spielfeldes gelegt. Die übrigen achtundvierzig Karten werden fächerförmig zu je vier Karten ausgelegt. Es kommt darauf an, auf den Assen die vier echten Familien in steigender Folge aufzubauen. Wir dürfen, vom Spieler aus rechts gesehen, immer die jeweils außen liegenden Karten auf die Asse abbauen, bzw. sie an den Fächern anbauen. Auf die Asse wird steigend gebaut, an die Fächer fallend. Haben wir derart an einem Fächer rechts außen etwa eine Folge von mehreren fallend gebauten Karten, so dürfen diese, falls möglich, geschlossen weggenommen und auf die steigende As-Familie gebaut werden.

Betrachten wir unsere erste Auslage und sehen zu, was sich da machen läßt.
Pik-Zwei auf Pik-As, Kreuz-Zwei auf Kreuz-As. Karo-Sieben an Karo-Acht. Karo-Zwei wird dadurch frei und kommt aufs Karo-As. Karo-Bube an Karo-Dame, Pik-Vier an Pik-Fünf, Kreuz-Vier an Kreuz-Fünf, Pik-Fünf und Pik-Vier an Pik-Sechs, Karo-Zehn an Karo-Dame und Karo-Bube, Pik-Sechs, Pik-Fünf und Pik-Vier an Pik-Sieben, Karo-Dame, Karo-Bube, Karo-Zehn an Karo-König, Herz-Dame an Herz-König, Herz-Neun an Herz-Zehn, Herz-Acht an Herz-Neun, Karo-Neun an Karo-Zehn, Karo-Bube, Karo-Dame, Karo-König, Pik-Drei auf Pik-Zwei, Pik-Vier bis Pik-Sieben auf Pik-Drei.
Sofern wir nichts übersehen haben sollten, was auch dem routiniertesten Spieler mitunter widerfahren kann, geht nun nichts mehr!
Alle Karten, bis auf die As-Familien, werden wieder eingenommen, gemischt und zum zweitenmal ausgelegt. Dieses zweite Mal ist das letzte Mal. Gelingt es uns nun nicht, die Familien bis zu den Königen zu vervollständigen, ist die Patience gescheitert.
Bei dieser zweiten Auslage kann es vorkommen, daß der letzte Fächer nicht mehr vier Karten enthält, sondern drei, zwei oder gar nur eine. Das erklärt sich daraus, daß ja bereits eine Reihe Karten in den As-Familien festgelegt worden ist.

Wir meinen, daß wir Sie, nachdem Sie das Bild der zweiten Auslage nachgelegt haben, damit allein lassen dürfen. Sie wissen ja nun, wie es weitergehen muß! Wir wollen Ihnen jedoch verraten, daß die Patience jetzt aufgeht! Tut sie das bei Ihnen nicht, dann haben Sie etwas falsch gemacht. Aber das wird Ihnen kaum passieren, denn gar so schwierig ist die Patience ja nicht!

Zehn oder Zwanzig

1 Spiel zu 52 Blatt

Dies ist eine Patience für zwei Personen, bei der es auf schnelles Rechnen ankommt. Zweiundfünfzig gut gemischte Karten werden zu je sechsundzwanzig an zwei Spieler verteilt. Jeder legt

»Der Fächer«, erste Auslage

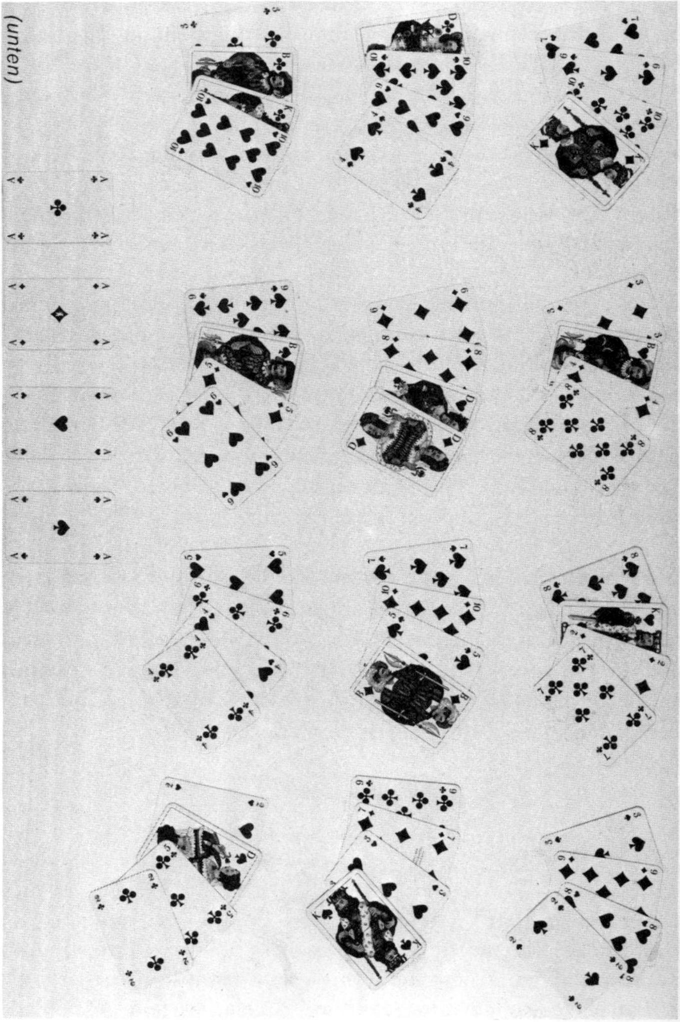

»Der Fächer«, zweite Auslage

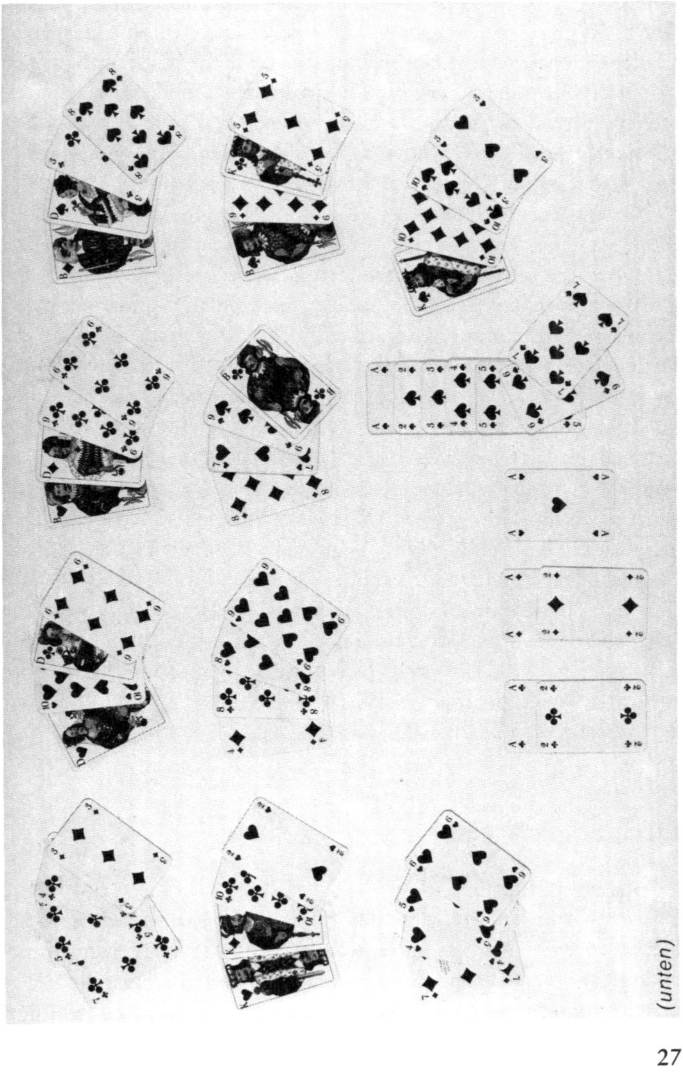

von seinen verdeckten sechsundzwanzig Karten je fünf offen in einer senkrechten Reihe vor sich aus.

Die Karten haben die Werte: As = 1, Zwei = 2, Drei = 3, Vier = 4, ... Neun = 9, Zehn = 10, Bube = 11, Dame = 12, König = 13.

Spieler A zieht nun die oberste Karte von seinem Stapel ab und prüft, ob er sie bei sich oder bei Spieler B so an eine der offen ausliegenden Karten anlegen kann, daß sie mit dieser zusammen den Wert 10 oder 20 ergibt. Dies wird bei Spielbeginn fast immer möglich sein. Andernfalls aber wird die Karte verdeckt beiseite gelegt, auf den »Schutthaufen«. Auf den nämlich kommt es an: Wer bei Spielende den größten Schutthaufen hat, ist der Verlierer. Jetzt ist B an der Reihe, dann wieder A.

Ist etwa eine Vier bereits durch eine Sechs zur Zehn ergänzt, darf daran auch eine weitere Zehn gelegt werden, so daß sich Zwanzig ergeben. Je mehr Plätze der beiden Fünferreihen zur Zehn oder zur Zwanzig ergänzt sind, desto schwieriger wird die Patience. Es werden viele Karten auf den Schutthaufen wandern. Erst wenn alle ausgelegten Karten der beiden Fünferreihen zu Zehn oder Zwanzig ergänzt sind, kommt der zweite Durchgang. Alle Karten, abgesehen von denen der beiden Schutthaufen, werden wieder eingenommen und gemischt, gleichmäßig an die beiden Spieler verteilt. Wieder werden zwei Fünferreihen ausgelegt. Das Spiel beginnt von neuem. Gegen Ende werden oft nicht mehr genügend Karten für je eine Fünferreihe vorhanden sein. Und damit ist das Spiel aus! Jeder zählt die Karten seines Schutthaufens, sowie die noch verbliebenen, also bei einem der Spieler höchstens vier, beim anderen aber vielleicht noch mehrere. Was dabei herauskommt, entscheidet. Verlierer ist, wie gesagt, jener mit den meisten Karten.

Dreizehnmal vier

1 Spiel zu 52 Blatt

Zunächst werden dreizehn der 52 Karten offen ausgelegt, am besten in zwei Reihen zu je sieben und je sechs Karten untereinander. Der Abstand zwischen den beiden Reihen muß möglichst groß sein, weil nach der ersten Auslage eine zweite erfolgt,

wobei die Karten schuppenförmig – wiederum offen – über die zuerst ausgelegten gepackt werden. So geht das fort, bis der ganze Talon aufgebraucht ist.
Aber: Beim Auslegen zählen wir Eins (As), zwei, drei, vier ..... Bube, Dame, König. Immer, wenn wir dabei an eine Karte geraten, die dem hergesagten Wert entspricht, wird diese herausgenommen und weggelegt. Der Platz bleibt dann *frei*, so daß wir zum Schluß Häufchen haben, deren Kartenanzahl unterschiedlich ist.
Beispiel: Beim Auszählen trifft »Zehn« wirklich auf eine Zehn (die Farbe spielt keine Rolle). Eine »Dame« trifft wirklich auf eine Dame, und so fort. So haben wir, nachdem der gesamte Talon ausgelegt worden ist, vielleicht fünf Karten beiseite gelegt. Diese Karten werden nun nacheinander oben unter den Haufen geschoben, der in der Reihenfolge ihrem Wert entspricht. Eine Sieben wird also oben unter das siebente Päckchen geschoben, ein König unter das dreizehnte. Dafür nehmen wir nun die jeweils unterste Karte vom Häufchen weg und legen sie ab. Ist das erledigt, werden die abgelegten Karten wiederum unter das Häufchen geschoben, das ihrem Wert beim Auszählen entspricht.
Ziel der Patience ist es, dies ohne Stocken so lange fortzuführen, bis am Ende die vier Asse beisammen sind, die vier Zweien, Dreien ..... Buben, Damen, Könige.
Das geht nicht immer; denn da, wo vier Karten gleichen Wertes beisammen sind, wird nun die unterste *nicht* mehr weggenommen. Dadurch verringert sich die Anzahl der einzuordnenden Karten, so daß wir oftmals keine mehr zur Verfügung haben, bevor das Ziel erreicht ist.
Sehr selten kommt es auch vor, daß beim Auslegen und Zählen überhaupt keine Karte dem jeweils aufgesagten Wert entspricht. In diesem Fall ist die Patience von vornherein gescheitert. Wir mischen neu und versuchen unser Heil zum zweitenmal.

Der Gefangene

1 Spiel zu 52 Blatt
Zweiundfünfzig Blatt werden gut gemischt. Drei Karten werden offen in einer Reihe ausgelegt. Sollte ihr Wert zusammen zu-

fällig 10, 20 oder 30 ergeben, werden sie weggelegt und durch drei neue ersetzt. Wie kann der Wert 10, 20 oder 30 ergeben? Nun: Asse zählen 1 *oder* 11, Könige, Dame, Bube zählen je 10, die Zehn zählt ebenfalls 10, die Neun zählt 9, die Acht zählt 8 und so fort bis zur Zwei = 2.

Sieht die erste Auslage also so aus: As, Zwei, Sieben, so ergibt das zusammen 10, sofern wir das As als 1 werten, nicht aber als 11.

Die Karten dürfen also eingenommen und abgelegt werden. Sie spielen nun nicht mehr mit. Wieder werden drei Karten ausgelegt oder aber, wenn die ersten drei nicht weggenommen werden konnten, es wird eine vierte angelegt. Liegen vier und mehr Karten in einer offenen Reihe auf dem Tisch, hat der Spieler die Wahl: Er darf entweder die drei letzten Karten wegnehmen, sofern sie zusammen 10, 20 oder 30 ergeben, oder aber die beiden letzten und die erste, falls sie zusammen einen der erforderlichen Werte ergeben. Geht gar nichts, wird wieder eine Karte angelegt (oder zwei Karten werden angelegt, falls nur eine auf dem Tisch liegenblieb). Wieder wird geprüft, ob eine Wegnahme nach den oben beschriebenen Spielregeln möglich ist. Sofern das nicht der Fall ist, wird wieder eine Karte angelegt.

Die Patience gilt als aufgegangen, wenn alle Karten verbraucht, eingenommen und weggelegt wurden, bis auf eine, die übrigbleiben darf. Sie ist der »Gefangene«, der durch Wegnahme aller Karten gleichsam aus seinem Gefängnis befreit wurde.

Das hört sich alles recht einfach an, ist jedoch schwierig. Man muß nämlich ganz schön tüfteln, sofern man die Wahl hat, ob man von rechts wegnehmen soll oder von rechts *und* links, sofern beides möglich ist. Man muß gut überlegen, welche Karten dadurch frei werden und sich etwa nach Anlage einer weiteren Karte zu 10, 20 oder 30 ergänzen lassen. Man sollte möglichst gleichmäßig immer Karten von hohen *und* von niedrigen Werten wegnehmen; denn was sollte man sonst tun, wenn zum Schluß nur noch Zweien oder Dreien übrig wären, von denen sich ja drei zusammen nie bis 10 ergänzen ließen und schon gar nicht zu 20 oder gar zu 30?

Es ist bei dieser Patience also wie bei vielen: Man lernt aus der Erfahrung. Man lasse sich durch anfängliche Mißerfolge nicht entmutigen, sondern gewinne aus ihnen immer mehr Routine.

Hunde ins Körbchen

1 Spiel zu 52 Blatt

Von zweiundfünfzig Karten werden die vier Asse offen in zwei Reihen zu je zwei Karten ausgelegt.

Es kommt darauf an, den Talon zweimal durchzuspielen und dabei immer die Zweien, Dreien, Vieren und so fort bis zu den Königen auf den Assen auszulegen, wobei es darauf ankommt, rot auf rot zu legen und schwarz auf schwarz. Auf Kreuz-Drei darf also Pik-Vier gelegt werden, nicht aber Herz- oder Karo-Vier; denn diese sind ja »rot«, kommen also auf die roten Asse bzw. die bereits auf ihnen ausgelegten roten Karten.

Was beim ersten Durchgang nicht ausgelegt werden kann, wird offen an den vier Ecken, rechts und links oben und rechts und links unten also, abgelegt. Beim ersten Durchgang haben wir – wenn sonst gar nichts, bestimmt die Zweien auf unsere Asse legen können. (Selbstverständlich kann man die oberste Karte der 4 Eckstapel wieder zurücknehmen und auf einen der 4 Mittelstapel auflegen, falls dies inzwischen paßt.) Dann werden die Karten von den vier Ecken genommen und zum neuen Talon vereinigt. Beim zweiten Durchgang muß die Sache nun aber klappen. Das gelingt nicht, meinen Sie? Doch, es geht fast immer, man muß sich nur eines Tricks bedienen: Links oben werden alle nicht verwendeten Dreien und Vieren auf einem Stapel abgelegt, rechts oben auf einem Stapel alle nicht verwendeten Fünfen, Sechsen und Siebenen, links unten die Achten, Neunen und Zehnen als einen Stapel, rechts unten auf einem Stapel die Buben, Damen und Könige. Wir sammeln die »Ecken« (die Hunde, die ins Körbchen kamen) so ein, daß zuoberst die Dreien und Vieren liegen, darunter die Fünfen, Sechsen und Siebenen, darunter die Achten, Neunen und Zehnen, darunter, als letzte Karten, die Buben, Damen und Könige.

Sie bringen nun bei der zweiten Auslage die Patience oft zum Aufgehen. Wem dies zu einfach erscheint, der darf die Sache erschweren, indem er nicht rot auf rot und schwarz auf schwarz legt, sondern farbecht Herz auf Herz, Karo auf Karo, Pik auf Pik, Kreuz auf Kreuz. Dann geht die Patience, die im übrigen wenig Nachdenken, aber viel Aufpassen erfordert, bei weitem nicht mehr so häufig auf!

Die Uhr

1 Spiel zu 52 Blatt

Zweiundfünfzig gutgemischte Karten werden ausgelegt, und zwar wie das Zifferblatt einer Uhr. Es kommt also eine Karte – immer verdeckt – dorthin, wo das Zifferblatt eine Eins aufweist, die nächste Karte ist »Zwei Uhr«, die folgende »Drei Uhr« und so fort, bis zu »Zwölf Uhr«. Nun wird eine dreizehnte Karte in die Mitte des Zifferblattes gelegt, denn andernfalls würden am Ende vier Karten übrigbleiben, da wir ja zweiundfünfzig Karten zur Verfügung haben, viermal 12 aber nur 48 ergibt. Wieder kommt eine verdeckte Karte auf »Ein Uhr«, eine auf »Zwei Uhr« und so fort, bis wieder eine Karte verdeckt in die Mitte gelegt wird. Das geht viermal vor sich, dann ist unser Kartenvorrat aufgebraucht.

Ziel der Patience ist es, daß am Ende alle Asse offen auf »Ein Uhr« liegen, alle zweien auf »Zwei Uhr« . . . . ., alle Buben auf »Elf Uhr« und alle Damen auf »Zwölf Uhr«. In der Mitte müssen alle vier Könige offen beisammen liegen.

Wie erreichen wir das? Wir beginnen bei »Ein Uhr«, indem wir die oberste verdeckte Karte dort wegnehmen, sie umdrehen und – nun offen – unter das Kartenhäufchen schieben, dessen Wert sie anzeigt. Angenommen, es sei eine Vier, dann wird sie also unter das »Vier-Uhr-Häufchen« geschoben. Wir nehmen nun die oberste Karte vom »Vier-Uhr-Häufchen«. Ist diese etwa ein König, wird sie offen unter den Mittelhaufen gelegt, von dem nun wieder die oberste Karte genommen, aufgedeckt und ihrem Wert entsprechend offen unter ihre »Uhrzeit« geschoben wird.

Dies setzen wir so lange fort, bis die Patience aufgegangen - oder auch nicht aufgegangen – ist. Liegen nämlich alle vier Karten eines Päckchens offen da, können wir ja keine oberste verdeckte mehr wegnehmen. In dem Fall ist die Patience gescheitert.

Eine einfache Patience, bei der man nur gut aufpassen muß, daß auch wirklich immer die richtige Uhrzeit getroffen wird. Wer versehentlich eine Fünf unter »Vier Uhr« schiebt, der wird merken, daß die Patience nicht aufgehen kann.

Der Rangierbahnhof

1 Spiel zu 52 Blatt

Dies ist eine schwierige Patience, die man fast mit dem Schachspiel vergleichen könnte, denn bei beiden muß vorausgeplant und erwogen werden, ehe ein »Zug« gemacht wird.

Die Spielregeln allerdings sind einfach. Wir legen ein gutgemischtes Spiel zu 52 Karten in vier Reihen zu je dreizehn Karten offen aus. Es kommt darauf an, durch geschicktes »Rangieren«, und dies sowohl waagerecht als – wenn möglich – auch senkrecht, zu erreichen, daß am Ende vier Reihen mit je vier echten Familien daliegen, beginnend beim As, endend beim König. Das Rangieren geht so vor sich, daß Asse herausgenommen und vor jeweils eine Reihe gelegt werden. Dadurch entstehen Freiplätze, an die angelegt werden darf. Hinter Könige freilich kann man nichts anlegen, denn andernfalls müßte man ja die Asse, mit denen jede Reihe beginnt, wieder wegnehmen, um sie an die passenden Könige zu legen. Das aber geht nicht, denn: die Familien beginnen mit As und enden mit König!

Sind alle Möglichkeiten erschöpft, d. h. geht nichts mehr zu rangieren, weil nur noch Sperrplätze hinter den Königen vorhanden sind, werden die Karten wieder eingenommen. Angefangene Reihen bleiben jedoch liegen. Haben wir also beispielsweise in Reihe Eins Pik-As, Pik-Zwei und Pik-Drei, in Reihe Zwei Kreuz-As, Kreuz-Zwei, Kreuz-Drei und Kreuz-Vier und so fort, so bleiben diese liegen. Der schlechtestmögliche Fall ist, daß von einer Reihe nach dem ersten Durchgang nichts daliegt als ein As!

Die eingenommenen Karten werden gemischt und wieder ausgelegt. Diesmal so, daß wir hinter der letzten Karte der angefangenen liegengebliebenen Reihen jeweils einen Freiplatz lassen, z. B.: Karo-As, Karo-Zwei, Karo-Drei, Karo-Vier – Freiplatz – weiter anlegen. Die Reihen verlängern sich durch den Freiplatz also um eine Kartenbreite; in jeder Reihe haben wir, einschließlich Freiplatz, vierzehn Plätze.

Nun wird wieder rangiert, bis nichts mehr geht, also nur noch Sperrplätze hinter Königen vorhanden sind.

Wieder werden die Karten, soweit sie nicht zu richtig gebauten Familien gehören, eingenommen, gemischt und ein drittes Mal ausgelegt. Bei der dritten Auslage muß die Patience aufgehen. Tut sie das nicht, ist sie gescheitert!

Um Ihnen den schwierigen Gang des Rangierens zu veranschaulichen, legen wir nun ganz willkürlich die Karten aus, sind also keineswegs darauf bedacht, eine besonders günstige Ausgangsposition zu schaffen. Was daraus wird, ob die Patience aufgeht oder nicht, wissen wir also selbst noch nicht. Begleiten Sie uns also bitte aufmerksam durch alle drei Spielphasen.

Vergleichen Sie das Bild der ersten Auslage (Seite 35) mit unseren »Schachzügen«, folgen Sie unseren Überlegungen. Sehen wir gemeinsam zu, was aus dieser unserer »Übungspatience« am Ende wird.

Zuerst also: Asse auslegen, um Freiplätze zum Rangieren zu erhalten. Aber nicht blindlings alle vier Asse! In unserem Beispiel bleibt das Pik-As zunächst liegen; denn es befindet sich hinter einem König, so daß sofort ein Sperrplatz entstünde. Auch das Karo-As wäre sehr ungünstig, denn dann käme an die Pik-Zehn der Pik-Bube, auf den so entstandenen Freiplatz die Kreuz-Drei. Wieder wäre ein Sperrplatz entstanden, und zwar hinter dem Pik-König.

Nehmen wir also das Herz-As heraus und legen es vor die Herz-Zwei, die zufällig beim Auslegen als erste Karte der zweiten Reihe daliegt. Auf den dadurch freigewordenen Platz hinter Karo-Acht kommt die Karo-Neun, hinter Herz-Sieben die Herz-Acht, hinter Karo-Drei die Karo-Vier, hinter Pik-Neun die Pik-Zehn.

Jetzt legen wir das Karo-As vor Reihe Eins, Drei oder Vier. (Reihe Zwei ist ja schon mit dem Herz-As besetzt.) Dadurch sind hinter Herz-Vier zwei Freiplätze entstanden, auf die wir Herz-Fünf und Herz-Sechs legen. Die dadurch freigewordenen Plätze hinterm Pik-As (wie gut, daß wir es liegen ließen!) werden mit Pik-Zwei und Pik-Drei besetzt. Nun ist der Platz hinter der Pik-Dame frei. Wir schieben aber den Pik-Köng vorerst nicht an die Dame, denn das ergäbe ja wieder einen Sperrplatz. Es bleibt uns nämlich noch die Hoffnung, daß wir die Pik-Dame eventuell im weiteren Spielverlauf hinter den Pik-Buben legen können, wodurch hinter dem Herz-Buben zwei Freiplätze entstehen würden.

Jetzt kommt die Karo-Zwei auf den durch die Wegnahme der

»Rangierbahnhof«, erste Auslage

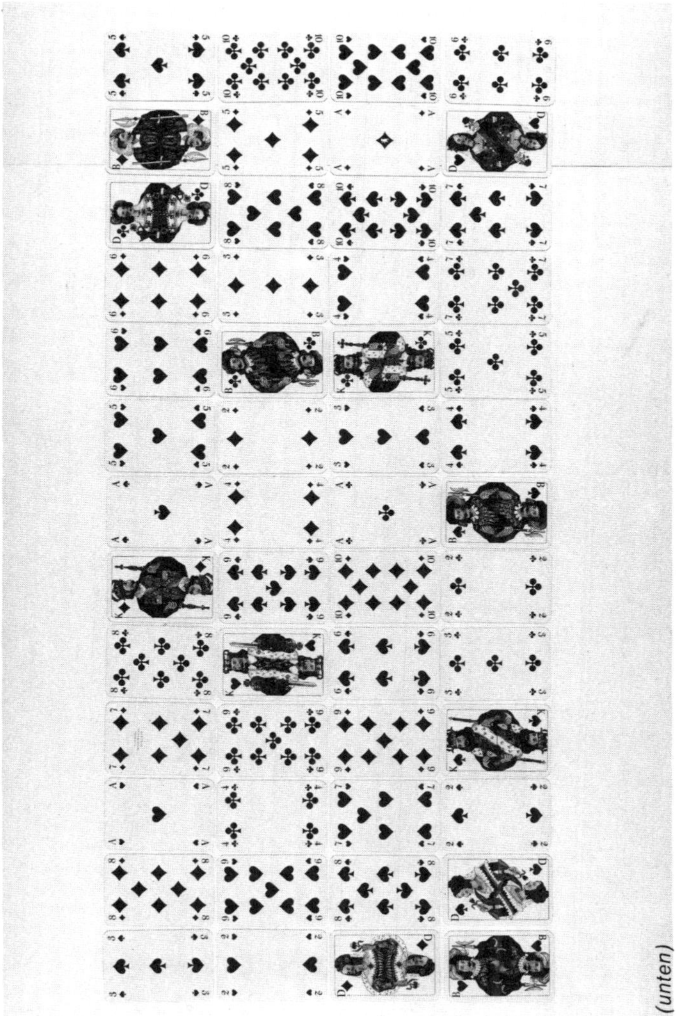

(unten)

»Rangierbahnhof«, zweite Auslage

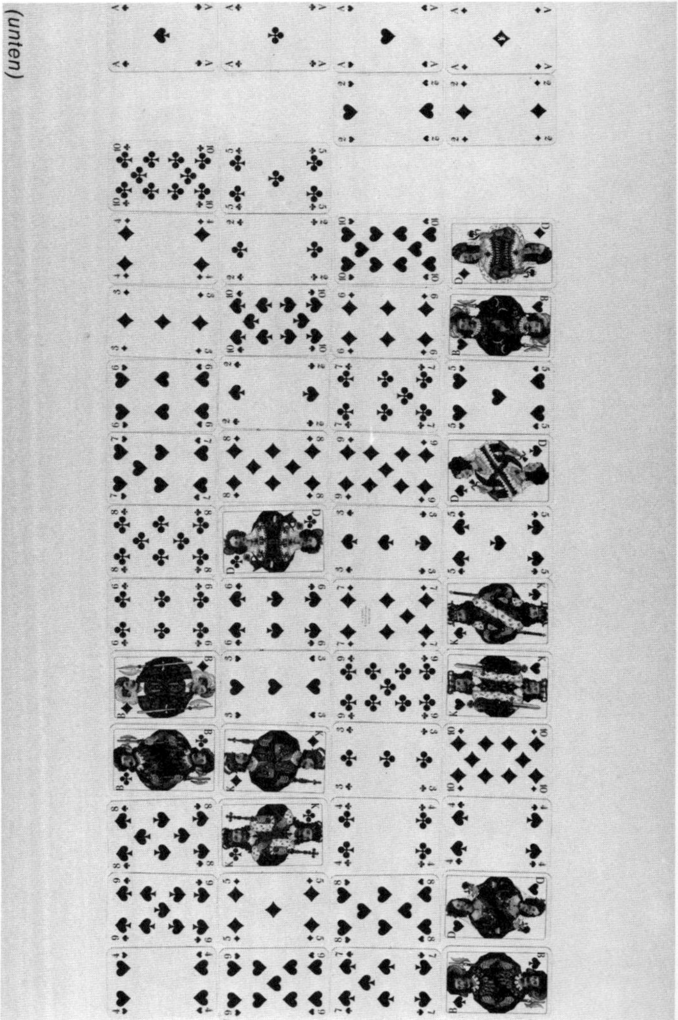

»Rangierbahnhof«, dritte Auslage

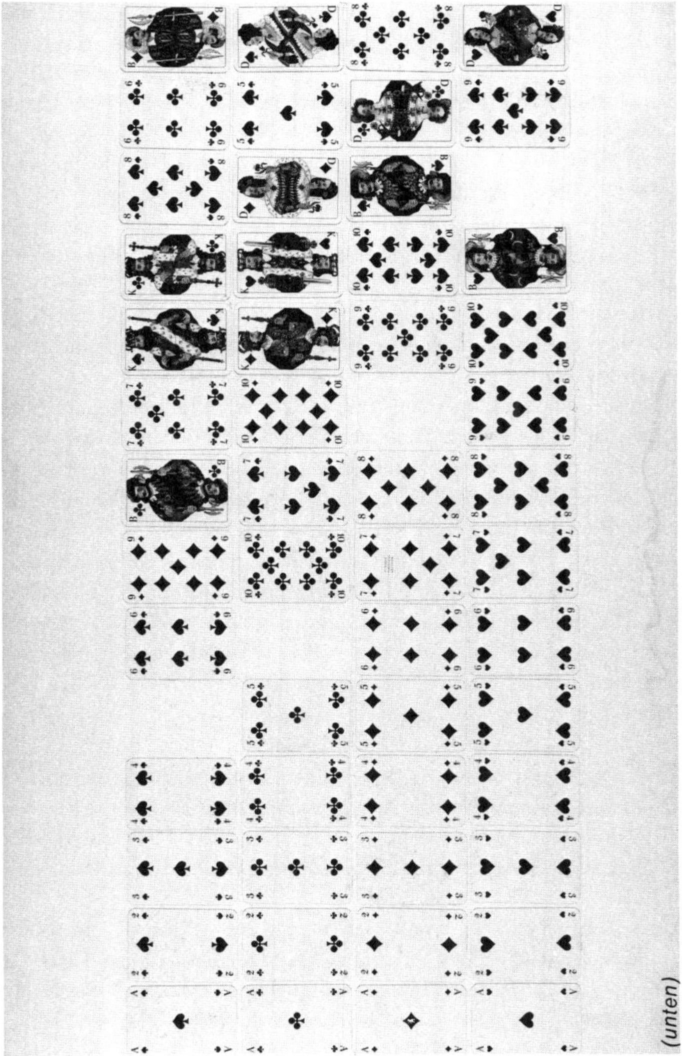

Pik-Drei hinterm Karo-As freigewordenen Platz. Pik-Bube an Pik-Zehn. Dadurch aber ist der Platz hinter Kreuz-Zwei frei geworden. Legen wir nun die Kreuz-Drei an, entsteht ein Sperrplatz hinterm Pik-König!

Jetzt bleibt uns nur noch das Kreuz-As. Wir legen es heraus vor Reihe Drei. Karo-Bube an Karo-Zehn, Kreuz-König an Kreuz-Dame. Jetzt schieben wir Herz-Vier, Herz-Fünf, Herz-Sechs an die Herz-Drei; Herz-Sieben kommt an Herz-Sechs. Und damit stockt die Patience schon; denn Pik-Neun an Pik-Acht ergibt Sperrplatz hinter dem Herz-König. Pik-As wird vor Reihe Vier gelegt. Nun bleibt uns nichts mehr zu tun übrig, als den Pik-König an die Pik-Dame zu schieben, die wir leider *nicht* wegrangieren konnten. Nur noch Sperrplätze hinter Königen, nichts geht mehr! Ein ungewöhnlicher schlechter Anfang. Aber wir hatten uns ja vorgenommen, ganz willkürlich auszulegen und Fortuna nicht durch eine besonders günstige Ausgangsposition zu korrigieren.

Wir sammeln ein, mischen gut und legen wiederum aus. Nun zum Bild der zweiten Auslage (vergl. Seite 36). Günstig wäre es, die Kreuz-Zehn wegzurangieren. Und das gelingt auch wirklich, wenn wir nämlich »senkrecht« rangieren. Wir legen Herz-As und Herz-Zwei vor Reihe Drei, das Kreuz-As vor Reihe Zwei. Jetzt können wir Kreuz-Zwei und Kreuz-Drei ans Kreuz-As legen. Dadurch ist der Platz hinter der Kreuz-Neun freigeworden, die Kreuz-Zehn kann dorthin gelegt werden!

Jetzt legen wir Pik-As vor Reihe Eins, Karo-As und Karo-Zwei vor Reihe Vier. Karo-Drei kommt an Karo-Zwei. Karo-Vier liegt schon in der richtigen Folge da! Die Karo-Fünf kann angelegt werden, unsere »Karo-Familie« ist ein Stück gewachsen.

Leider entstand dabei ein Sperrplatz hinter dem Kreuz-König. Ob es uns gelingt, ihn wegzurangieren? Dann müßte freilich erst der Karo-König weg; denn er liegt ja direkt vor dem Kreuz-König, so daß andernfalls zwei Sperrplätze hintereinander entstünden.

Und weiter geht es: Kreuz-Sechs an Kreuz-Fünf, Kreuz-Neun an Kreuz-Acht. Herz-Acht an Herz-Sieben, Kreuz-Fünf an Kreuz-Vier. Nun kann Herz-Drei an Herz-Zwei, Pik-Sieben an Pik-Sechs, Kreuz-Sechs an Kreuz-Fünf, Herz-Vier an Herz-Drei, Pik-Zehn an Pik-Neun, Pik-Zwei an Pik-As.

Und jetzt empfiehlt es sich, wieder senkrecht zu rangieren, nämlich Reihe drei und Reihe vier werden gegeneinander ausgetauscht. Dadurch ist unsere »Herz-Familie« bis zur Herz-Acht angewachsen. Jetzt Pik-Drei an Pik-Zwei, Kreuz-Neun an Kreuz-Acht, Karo-Acht an Karo-Sieben, Karo-Sechs an Karo-Fünf, Karo-Sieben an Karo-Sechs, Kreuz-Zehn an Kreuz-Neun, Karo-Neun an Karo-Acht.

Unklug wäre es, nun den Herz-Buben an die Herz-Zehn zu legen, denn dann wäre ein Platz verschenkt. Der Karo-König würde an die Karo-Dame rücken, dahinter wäre durch den weggenommenen Herz-Buben ein Sperrplatz entstanden. Erst also legen wir die Herz-Dame an den Herz-Buben, dann erst Herz-Bube an Herz-Zehn. Nun kommt Karo-König an Karo-Dame, Pik-Acht an Pik-Sieben, Kreuz-Dame an Kreuz-Bube. Danach Karo-Acht an Karo-Sieben, Kreuz-Bube an Kreuz-Zehn, Karo-Dame an Karo-Bube, Pik-Vier an Pik-Drei, Karo-Bube und Karo-Dame an Karo-Zehn. Nun Herz-Neun, Herz-Zehn und Herz-Bube an Herz-Acht, Kreuz-Vier und Kreuz-Fünf an Kreuz-Drei.

Jetzt aber sind wir mit unserem Latein wieder am Ende, denn hinterm Kreuz-König sind schon zwei Sperrplätze. Wir können nun nur noch Karo-Zehn und Karo-Bube an Karo-Neun legen. Zwei weitere Sperrplätze sind entstanden, nämlich hinterm Herz-König.

Bei der zweiten Auslage sind wir zwar ein gutes Stück vorangekommen, aber es ist noch völlig ungewiß, ob es uns gelingen wird, die Patience bei der dritten Auslage zum Aufgehen zu bringen.

Wir kommen nun zur dritten Auslage (siehe Seite 37). Legen Sie bitte das Bild nach und folgen Sie dem Verlauf des Spiels, wie *wir* es durchgeführt haben. Hierzu ist zu sagen, daß andere Patiencelegende vielleicht andere Möglichkeiten finden. Jedenfalls haben wir uns die größte Mühe gegeben.

Nicht draufloslegen, sondern erst prüfen! Am besten wohl zunächst Herz-Dame an Herz-Bube; denn dadurch kommt Pik-Zehn an Pik-Neun, der Platz hinter Kreuz-Neun wird frei für die Kreuz-Zehn. Nun Karo-Neun an Karo-Acht, Pik-Sieben an Pik-Sechs, Kreuz-Sechs, Kreuz-Sieben und Kreuz-Acht an Kreuz-Fünf. Pik-Fünf an Pik-Vier, Karo-König an Karo-Dame,

Pik-Neun an Pik-Acht, Herz-König an Herz-Dame, Kreuz-Dame an Kreuz-Bube, Pik-Dame, Pik-König an Pik-Bube, Karo-Bube an Karo-Zehn, Pik-Zehn an Pik-Neun, und nun?
Jetzt können wir nur noch Kreuz-König an Kreuz-Dame schieben, Karo-Dame und Karo-König an Karo-Bube. Und somit haben wir vier Sperrplätze hinter den Königen, nichts geht mehr. Immerhin ist die Herz-Familie komplett, die Pik-Familie gedieh bis zur Pik-Sieben, die Kreuz-Familie bis Kreuz-Acht, die Karo-Familie bis zu Karo-Neun.
Obwohl die Patience also gescheitert ist, dürfen wir ganz zufrieden sein, weil wir ja bei der ersten Auslage sehr wenig erreichten, also eine besonders ungünstige Ausgangsposition hatten.
Achten Sie bitte besonders beim dritten und letzten Spiel darauf, daß auch senkrecht rangiert werden darf. Durch geschickte Manipulationen läßt sich da nämlich oft viel erreichen, so daß scheinbares Nicht-Aufgehen doch noch zum glücklichen Ende gebracht werden kann.
Wie gesagt: Der Rangierbahnhof ist eine schwierige Patience. Hat er aber erst einmal Freunde gewonnen, echte »Rangierbahnhof-Fans«, dann werden diese sich oft und gern mit dieser Patience befassen.

Die launischen Damen

2 Spiele zu je 52 Blatt
Dies ist eine sehr hübsche Patience, bei der es wieder einmal um die Zusammenführung der Familien geht. Um acht farbechte Familien, jeweils mit dem König beginnend und mit der Dame endend.
Zwei Spiele zu je zweiundfünfzig Blatt werden miteinander durchgemischt. Die obersten zweiunddreißig Karten werden vom Talon abgezogen und verdeckt als Hilfsstapel unten links neben das Bild gelegt, das wir nun in Form von acht Karten, vom Talon abgezogen, in zwei Viererreihen offen auslegen. Die übrigen Karten bleiben als Talon in der Hand des Spielers. Eine solche erste Auslage, mitsamt dem Hilfsstapel von zweiunddreißig Karten (auf unserem Bild sind es weniger, weil wir nicht zweiunddreißig Kärtchen übereinander packen wollten, der

Hilfsstapel ist also nur angedeutet) sehen Sie auf Bildtafel 1. Befinden sich in der Auslage bereits Damen, so werden sie sofort wieder eingenommen, beliebig irgendwohin zurückgesteckt in den Talon und durch neue Karten vom Talon ersetzt. Sollte sich bei den neu ausgelegten Karten wieder eine Dame befinden, wird auch sie sofort zurückgesteckt in den Talon. Abermals kommt eine neue Karte vom Talon auf den dadurch entstandenen Freiplatz.

Könige, wo immer sie auftauchen, werden sofort herausgenommen und halbkreisförmig über das Bild gelegt, denn sie sind ja die Stammväter unserer acht farbechten Familien.

Weil der Talon nur einmal abgespielt werden darf, ist es günstig, wenn sich gleich anfangs Möglichkeiten zum Bau ergeben. Das ist auf Bild I (S. 42) der Fall. Der Karo-König wird herausgelegt, auf ihn kommt das Karo-As. Die beiden Damen wandern zurück in den Talon und werden durch zwei neue vom Talon ersetzt. Die beiden Freiplätze, durch Wegnahme von König und As entstanden, werden aber vom *Hilfsstapel* besetzt! Jetzt prüfen wir, ob sich neue Möglichkeiten ergeben. Auf die Karten des ausgelegten Bildes werden echte Familien *fallend* gebaut, und zwar entweder die vom Talon abgezogene Karte, oder – falls passend – die oberste vom offen abgelegten Ablagestapel.

Geht nichts mehr, ziehen wir Karte für Karte vom Talon ab, prüfen sie auf ihre An- oder Aufbaufähigkeit. Falls sich dadurch im Bild Freiplätze ergeben, werden diese stets vom *Hilfsstapel* besetzt. Werden beim Abspielen des Hilfsstapels Damen frei, so kommen sie auf den freien Platz im Bild. Und – dies ist sehr wichtig fürs Gelingen der Patience! – wir ziehen nach Auslage so einer Dame fünf weitere Karten vom verdeckten Hilfsstapel und stecken sie unter unseren Talon. Taucht beim Abziehen vom Talon eine Dame auf, so wird sie – falls möglich – an- oder aufgebaut, sonst aber kommt sie offen auf den Ablagestapel. Wie auch immer: Stets werden für so eine Dame vom Talon die drei untersten Karten vom Ablagestapel vorgezogen und verdeckt unter unseren Talon geschoben. Ist nun die allererste, vom Talon abgezogene Karte eine Dame, kommt sie gleich wieder zurück, und zwar als letzte unter unseren Talon. Liegen erst zwei Karten im Ablagestapel, ist die vom

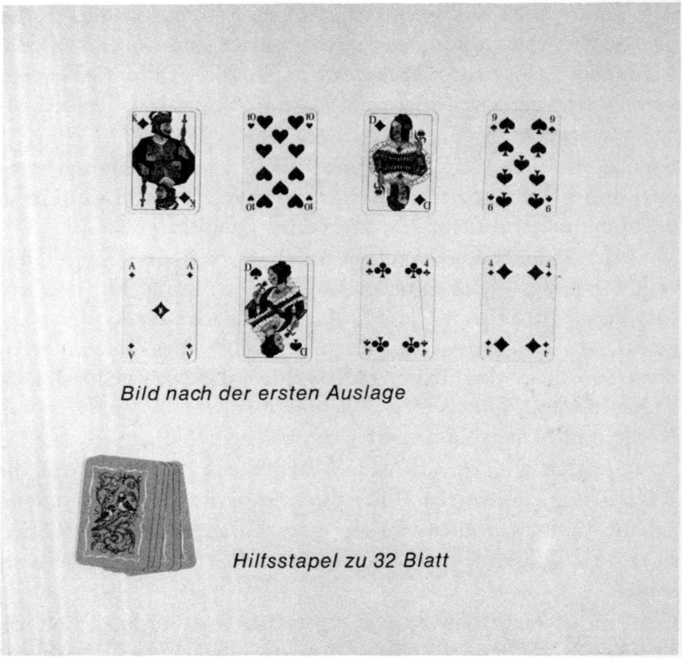

Bild nach der ersten Auslage

Hilfsstapel zu 32 Blatt

Talon gezogene Dame also die dritte, so wird sie mitsamt den beiden schon im Ablagestapel liegenden Karten eingenommen und unter den Talon geschoben.
Geradeso ist es, wenn der Hilfsstapel fast aufgelöst ist, so daß in ihm eine Dame als vorletzte oder gar letzte Karte erscheint. Für sie können wir nun also keine fünf Karten mehr wegnehmen, sondern nur noch zwei oder gar nur noch die Dame. Unser Talon wird dann also nicht mehr durch *fünf* Karten vom Hilfsstapel angereichert. Die Damen – das haben wir gesehen – treiben das Spiel voran. Je günstiger sie liegen, je mehr Karten also durch ihr Erscheinen bewegt werden, desto besser fürs Gelingen der Patience.

II »Die launischen Damen«

Hilfsstapel ist abgespielt

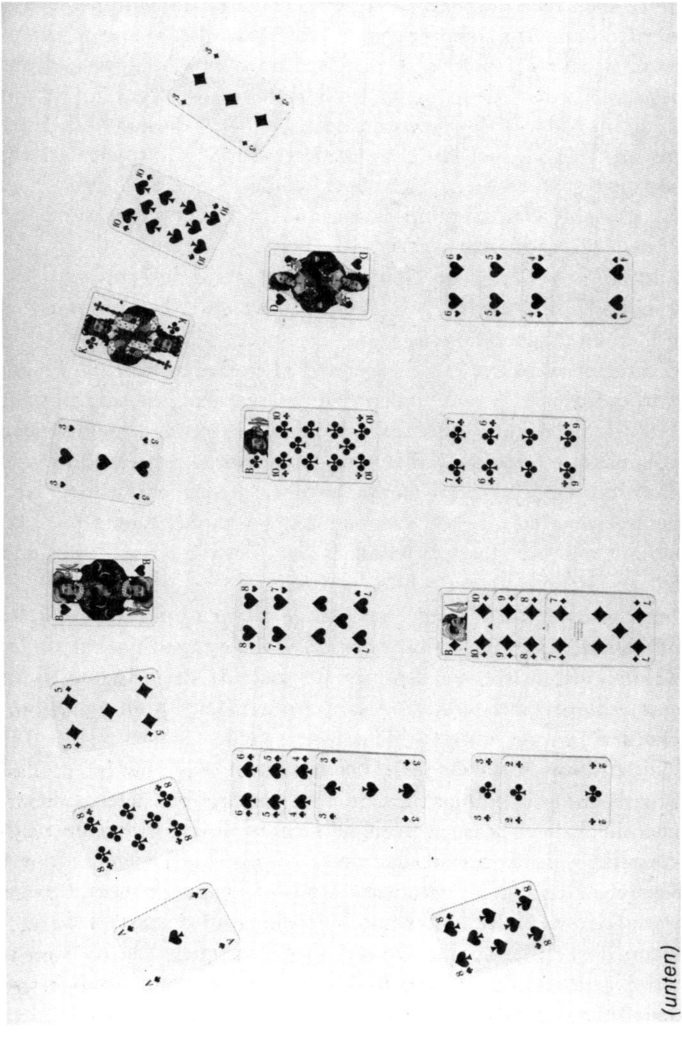

(unten)

Geht die Patience gut voran, ist der Hilfsstapel irgendwann aufgebraucht. Wir haben dann also nur noch den Talon und den Ablagestapel zur Verfügung. Aber das macht nichts; die Patience kann dennoch aufgehen. Oft tut sie das gleichsam »spielend«, dann nämlich, wenn wir Anschlußkarten erhalten, mittels derer vom Bild (fallend gebaute echte Familien) hinübergebaut werden kann zur entsprechenden Königsfamilie. Dadurch gibt es dann wieder Freiplätze im Bild, die nun vom Ablagestapel her besetzt werden; denn dieser muß ja aufgelöst werden. Ist am Ende auch der Talon aufgebraucht, bleiben also nur noch Karten im Ablagestapel übrig, muß dieser sich nun abspielen lassen, bis unsere acht echten Familien: König, As, Zwei, Drei ..... Zehn, Bube, Dame komplett sind. Gelingt dies nicht, ist unsere Patience leider gescheitert.

Bild II (S. 43) zeigt den Spielstand, wie er sich bei uns nach Abspiel des Hilfsstapels ergab. Bitte, prüfen Sie selbst, ob und was sich da noch bauen läßt.

Richtig: Herz-Vier, Herz-Fünf und Herz-Sechs (fallende Folge) werden hinübergebaut und auf ihre Herz-Familie, die bis zur Herz-Drei reicht. Auf den dadurch entstandenen Freiplatz kommt nun die Pik-Acht vom Ablagestapel. Vielleicht wird dadurch wieder eine – nunmehr oben liegende – Karte frei, die verwendbar ist. Nehmen wir an, sie sei das Kreuz-As. Das kommt nun auf unseren Kreuz-König, darauf Kreuz-Zwei und Kreuz-Drei aus unserem Bild.

Im übrigen sind ja noch eine Menge Damen »draußen«, d. h., sie befinden sich im Talon oder im Ablagestapel. Sofern sie im Talon auftauchen, werden für sie sogleich drei Karten unter dem Ablagestapel weggezogen und unter den Talon geschoben. Dadurch wurde unser Ablagestapel wieder magerer, was für seine endliche Auflösung sehr bedeutsam ist!

Wir sehen: es ist immer Bewegung in diesem Spiel. Dafür sorgen vor allem die Damen, sofern sie nicht »launisch« sind und sich verstecken, statt hervorzukommen. Immerhin: Wenn wir gut achtgeben und keine Chance verpassen, haben wir mit dieser Patience oft Glück. Sie kann allerdings auch schon scheitern, wenn der Hilfsstapel noch gar nicht abgespielt ist. Da ziehen wir Karte für Karte vom Talon. Karte für Karte kommt auf den Ablagestapel, ohne daß sich weitere Möglichkeiten ergeben wollen. Ist aber der ganze Talon zum Ablagestapel geworden, dann – geht nichts mehr! Mehrmals darf der Talon keinesfalls durchgenommen werden!

Aribert

2 Spiele zu je 52 Blatt

Diesen Namen gaben wir ihr, weil sie die bevorzugte Patience des Schauspielers Aribert Wäscher war. Er legte sie immer dann, wenn er Entspannung und Sammlung zugleich brauchte, wie denn überhaupt viele künstlerisch tätige Menschen überzeugte Anhänger der Patiencen sind!

Zwei Spiele zu je zweiundfünfzig Blatt werden gut gemischt. Eine waagerechte Reihe zu zwölf Karten wird verdeckt ausgelegt, schuppenförmig darüber eine offene Reihe zu zwölf Karten, dann wieder eine verdeckte, und schließlich noch eine offene. Die übrigen Karten bleiben als Talon verdeckt in unserer Hand.

Es kommt nun darauf an, immer in fallender Folge rote Karten an schwarze zu legen, schwarze an rote, wobei die Farben keine Rolle spielen. Es darf also an Herz entweder Pik oder Kreuz gelegt werden, geradeso auch an Karo. An Pik und Kreuz darf entweder Herz oder Karo gelegt werden. Wir prüfen nun unser Bild zunächst auf solche Möglichkeiten. Geht nichts oder geht nichts mehr, legen wir vom Talon eine weitere offene Zwölferreihe schuppenförmig an, wobei zu beachten ist, daß frei daliegende Asse unbesetzt bleiben bzw. alle solche Reihen, die mit As beginnen, und an denen schon König, Dame und so weiter in richtiger Folge liegen. Immer dort übrigens, wo wir eine Karte wegnahmen, um sie anzulegen, wird die darunter liegende verdeckte umgedreht und darf nun mitverwendet werden. Oder aber, wenn wir schon bis zur zweiten Reihe von oben vorgedrungen sind, die ja ohnehin offen ausliegt, dürfen Karten aus dieser Reihe auch zum Anbau verwendet werden. Gelangen wir derart an die oberste – verdeckte – Reihe und können aus ihr Karten zum Anbau verwenden, so werden auf die dadurch entstandenen Freiplätze Asse und – oder – angefangene As-Reihen gelegt. Haben wir solche aber nicht, werden die Freiplätze der obersten Reihe bei der nächsten Auslage wieder mit einer Karte vom Talon besetzt.

Unser Ziel ist es, in *einem* Durchgang alle Karten so zu ordnen, daß am Ende acht Häufchen daliegen, jedes mit einem As beginnend und mit einer Zwei endend. Komplette Familien werden zusammengeschoben und weggelegt.

Betrachten wir nun gemeinsam unsere Auslage. Es ergeben sich allerlei Möglichkeiten: Pik-König an Karo-As, Karo-Dame an Pik-König, Pik-Bube an Karo-Dame, Herz-König an Kreuz-As, Herz-Drei an Pik-Vier. Jetzt aber haben wir die Wahl zwischen zwei schwarzen Zweien, welche von beiden wollen wir anlegen an die Herz-Drei? Am besten drehen wir erst einmal die verdeckten, durch Wegnahme von Karten freigewordenen Karten unseres Bildes um.

Es erscheinen, von links nach rechts gesehen: Pik-As, Pik-As, Pik-Dame, Herz-Acht, Kreuz-Sieben. Dadurch ergeben sich weitere Möglichkeiten. Pik-Dame kommt an Herz-König, Herz-Bube an Pik-Dame. Die verdeckte Karte, die durch Wegnahme des Herz-Buben frei wurde, wird umgedreht. Es ist eine Karo-Vier. Und nun haben wir nur die beiden schwarzen Zweien zur Wahl. Welche also an die rote Drei legen? In solchen Fällen ist es gestattet, nachzusehen, was für Karten unter zwei zur Wahl stehenden liegen. Wäre das verboten, ginge die Patience nämlich kaum je auf! Wenden wir also die Pik-Zwei links außen um. Und siehe da: Es liegt eine Karo-Drei darunter! Jetzt kommt selbstverständlich die Pik-Zwei weg; denn die Kreuz-Zwei kann ja dann ebenfalls weggenommen werden, nämlich an die nun freie Karo-Drei. Unter der Kreuz-Zwei wurde nun wieder eine verdeckte Karte frei. Es ist die Karo-Zehn, die an den Pik-Buben kommt.

Sind wahlweise etwa *zwei* schwarze Buben frei, an die die Zehn gelegt werden kann, wählen wir jenen, der – wie in unserem Fall – schon ganz folgerichtig in seiner Sippe unter roter Dame, schwarzem König, rotem As liegt. Durch Wegnahme der Karo-Zehn würde eine Herz-Fünf frei. An sie können wir die Folge: Pik-Vier, Herz-Drei, Pik-Zwei legen. Wieder wird die dadurch frei gewordene Karte umgedreht. Es ist ein Karo-As. Immer noch können wir weiterbauen, nämlich die Kreuz-Sieben an die Herz-Acht. Unter Kreuz-Sieben wurde Pik-Fünf frei. An sie

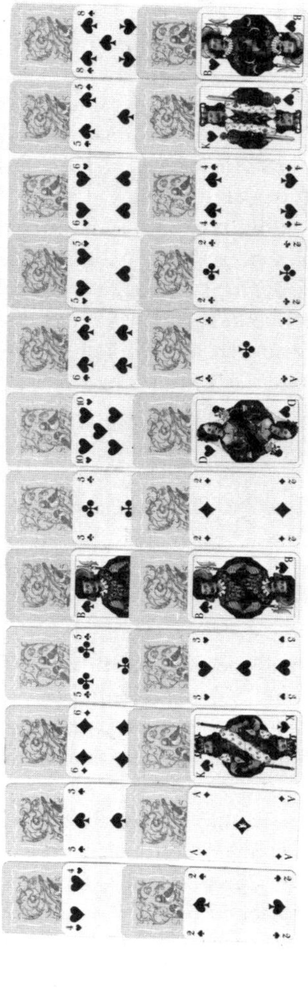

ausgelegtes Bild, übrige 56 Karten im Talon

können wir die rechts außen frei gewordene Karo-Vier legen. Jetzt aber geht gar nichts mehr. Wir ziehen also vom Talon ab und legen – immer von links nach rechts – offen je eine Karte an die untersten Karten der senkrechten Reihen. Freiliegende Asse werden dabei *nicht* besetzt, ebensowenig solche Reihen, die mit einem As beginnen und an die fallend bereits in richtiger Farb- und Reihenfolge angebaut worden ist.

Nun prüfen wir wieder, ob und was anzubauen ist. Und so fahren wir fort: auslegen, anbauen, bis nichts mehr geht, wieder auslegen . . . Werden nun im Spielverlauf Plätze in der obersten Reihe frei, so besetzen wir diese mit einem frei liegenden As oder mit einer folgerichtig begonnenen As-Reihe. Dabei haben wir oftmals mehrere Möglichkeiten, so daß wir die am günstigsten erscheinende wählen können.

Ist eine »Sippe« völlig fertig, d. h. beginnt die Reihe mit einem roten oder schwarzen As und endet sie dementsprechend mit einer roten oder schwarzen Zwei, wird sie zusammengeschoben und aus dem Spiel genommen. Aber auch hier haben wir oft die Wahl zwischen mehreren Möglichkeiten. Liegt da beispielsweise außer einer fertigen Schwarz-Rot-Reihe (oder Rot-Schwarz-Reihe) eine angefangene Schwarz-Rot-Reihe oder aber ein freies, noch unbesetztes schwarzes As, dann darf von der einen Reihe auf die andere umgebaut werden, sofern diese andere günstigere Weiterbaumöglichkeiten durch ihre Wegnahme aus dem Spiel ergibt.

Freundlicher, durch keinerlei Manipulationen begünstigter Zufall: Diese Patience, die Sie im Bilde vor sich sehen, geht auf! Es sei Ihnen, sofern Sie noch kein ganz erfahrener Patiencespieler sind, empfohlen, diese ganze Patience nachzulegen. Dafür freilich müssen Sie Ihr Spiel geradeso ordnen, wie das unsere es ist.

Verdeckt in der ersten und dritten Reihe unserer Musterpatience befinden sich, von links nach rechts gesehen: Reihe 1 Kreuz-Bube, Kreuz-Zwei, Kreuz-Dame, Kreuz-Sieben, Karo-Dame, Herz-Neun, Pik-Sieben, Kreuz-König, Pik-Fünf, Karo-Zehn, Karo-Acht, Herz-Vier. In der 3. Reihe, wiederum von links nach rechts: Karo-Drei, Herz-König, Pik-As, Pik-As, Pik-

Dame, Kreuz-Neun, Herz-Acht, Kreuz-Neun, Karo-Zehn, Karo-Fünf, Kreuz-Sieben, Karo-Vier.
Im verdeckten Talon liegen, mit der obersten Karte beginnend: Pik-Dame, Kreuz-Zehn, Karo-Bube, Karo-Dame, Kreuz-Zehn, Herz-Neun, Karo-Neun, Pik-Acht, Kreuz-Acht, Kreuz-Bube, Karo-Sieben, Pik-Sechs, Herz-Sieben, Kreuz-Sechs, Herz-Fünf, Kreuz-König, Herz-Dame, Herz-Zehn, Pik-Neun, Karo-Fünf, Kreuz-Vier, Herz-Drei, Pik-Zwei, Herz-As, Karo-Drei, Kreuz-Vier, Herz-Acht, Karo-König, Pik-Sieben, Kreuz-Dame, Herz-Sechs, Karo-Sechs, Kreuz-Fünf, Pik-Zehn, Karo-Bube, Herz-Zwei, Karo-Vier, Pik-Drei, Herz-Zwei, Herz-As, Pik-König, Kreuz-As, Karo-König, Karo-Zwei, Kreuz-Drei, Herz-Bube, Karo-Neun, Kreuz-Acht, Pik-Neun, Karo-Acht, Pik-Vier, Herz-Sieben, Kreuz-Sechs, Karo-Fünf, Karo-Sieben.
Wer mag, lege seine Karten also in die oben angegebene Reihenfolge und lege auch die Auslage nach, wie angegeben, bzw. wie aus dem Bild ersichtlich. Es ist freilich zu befürchten, daß die Patience dennoch *nicht* aufgeht, weil von Ihnen nicht immer genau dieselben Möglichkeiten genutzt werden, wie wir sie für die besten hielten.
Wie auch immer: Dies Nachlegen ist eine gute Übung für diese und andere nicht einfache Patiencen. Alle können wir sie ja nicht so ausführlich beschreiben, weil andernfalls aus diesem Buch ein dicker »Wälzer« werden würde. Aber einige, in allen Phasen erläutert, stellen für alle übrigen Patiencen eine gute Hilfe dar, weil viele sich ja in ihrem Prinzip ähneln.

Der Zopf

2 Spiele zu je 52 Blatt
Eine Patience für Fortgeschrittene, die große Aufmerksamkeit sowie ein hohes Maß an Vorausplanung erfordert.
Benötigt werden zwei Spiele zu zweiundfünfzig Blatt. Nachdem diese gut gemischt worden sind, ziehen wir die obersten Karten vom verdeckten Stapel ab und legen sie offen zopfförmig aus, so wie dies aus unserer Bildtafel ersichtlich ist. Freilich könnten wir es uns auch einfacher machen, indem wir diese zwanzig Karten einfach schuppenförmig untereinander auslegen. Aber

der Reiz vieler Patiencen beruht ja gerade auf dem hübschen »Bild«. Es ist mit ihnen geradeso wie mit Schachfiguren, die ja hübsch geschnitzt auch sehr viel attraktiver sind, als wenn sie aus schlichten Kegeln verschiedener Größen bestehen.

Nach Auslegen des Zopfes prüfen wir, ob in ihm Karten gleicher Farbe mit gleichem Wert enthalten sind. Wenn ja, wird ein jedes solches Doppel herausgenommen, irgendwo in den Talon zurückgesteckt und durch eine neue Karte ersetzt, die wir oben vom Talon abziehen. (In unserem Bild kämen hierfür die beiden Karo-Dreien in Betracht.)

Danach ziehen wir zwölf Hilfskarten vom Talon ab und legen sie – in zwei Reihen zu je sechs Karten – offen zu beiden Seiten des Zopfes aus. Die nächste (dreizehnte) Karte, die wir abziehen, ist die »Bestimmungskarte«. In unserem Fall ist es die Karo-Neun. Sie wird am unteren Rand unseres Spielfeldes offen ausgelegt. Alle übrigen sieben Neunen werden daneben ausgelegt, wenn sie beim Abziehen des Talons auftauchen oder beim Abbau des Zopfes und der Hilfskarten frei werden.

Unsere Aufgabe ist es nämlich, auf diesen Bestimmungskarten echte Familien in steigender oder fallender Folge zu bauen. Ob wir steigend oder fallend bauen, entscheiden wir selbst. Wir müssen aber gleichmäßig verfahren, d. h. haben wir uns für »steigend« entschlossen, werden alle Familien steigend gebaut. Ziehen wir »fallend« vor, müssen sämtliche Familien fallend gebaut werden.

Ob wir steigend oder fallend bauen, kommt darauf an, wie die Abbaumöglichkeiten sind, die der Zopf bietet. Wir dürfen nämlich zum Bau die jeweils unterste freiliegende Karte des Zopfes verwenden, sowie die Hilfskarten und schließlich die jeweils oberste Karte des Hilfsstapels, der im Spielverlauf dadurch erscheint, daß wir vom Talon abgezogene Karten, die keine Verwendung finden, offen übereinander auslegen. Dieser Hilfskartenstapel wird wieder eingenommen, nachdem unser Talon abgespielt ist. Gemischt wird er nicht, sondern als Talon verdeckt in die Hand genommen und wiederum abgespielt. Dies darf dreimal im Ganzen geschehen. Dann muß die Patience aufgegangen sein.

Zu beachten ist nun noch dies: Die Plätze, die durch Wegnahme von zum Bau geeigneten Hilfskarten frei werden, werden vom

Der Zopf

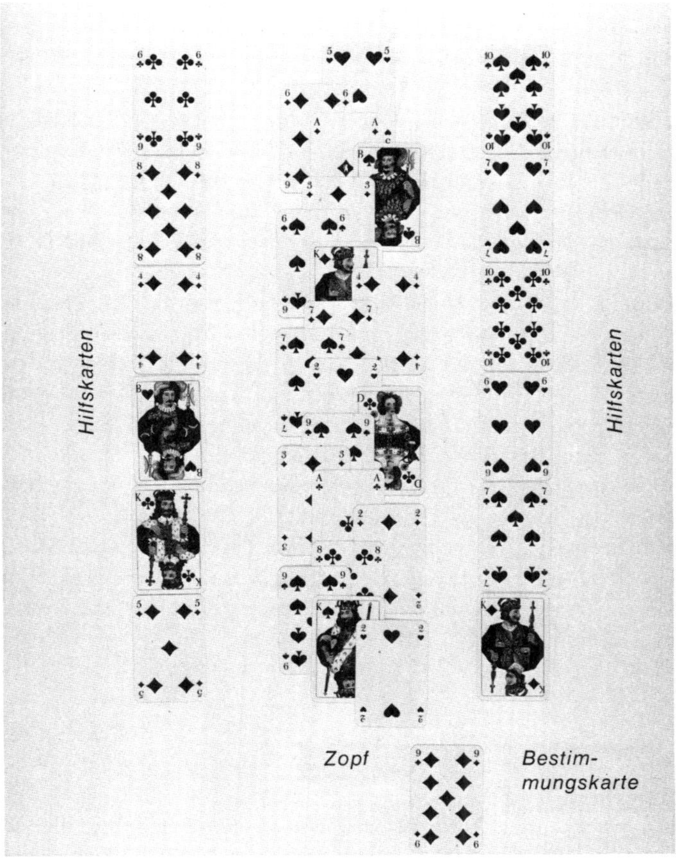

Talon durch neue ersetzt. Die jeweils oberste und unterste – auf unserem Bild also Kreuz-Sechs, Karo-Fünf, Pik-Zehn und Karo-König – dürfen durch die jeweils unterste freie Karte vom Zopf ersetzt werden.
Wichtig ist es, alles daran zu setzen, den Zopf weitestgehend »aufzuflechten«, denn davon hängt das Gelingen des Spieles ab.
Frei werdende Plätze in unseren beiden Hilfskartenreihen *müssen* nicht unbedingt sofort neu besetzt werden. Mitunter ist es ratsamer, sie eine Weile freizulassen und abzuwarten, bis wir eine besonders günstige Karte vom Zopf hierfür frei bekommen (sofern es sich um einen der vier Eckplätze handelt) oder eine passende Karte vom Talon abziehen. Dies aber sind Tricks und Kniffe, die der Spieler erst nach einiger Übung perfekt beherrschen wird.
Betrachten wir nun wieder unser Bild. Sollen wir fallend bauen oder steigend? Uns erscheint *fallend* in diesem Fall günstiger, denn da liegt ja eine Karo-Acht in den Hilfskarten, die wir sogleich herausnehmen und an die Neun bauen können. Der dadurch entstandene Freiplatz darf durch eine Karte vom Talon besetzt werden.
Fallend ...: Auf unsere Neun – und auf alle übrigen Neunen, die im Spielverlauf erscheinen und neben die Karo-Neun gelegt werden – kommt also die Acht, darauf die Sieben und so fort, bis zu Zehn. Geht die Patience auf, müssen also am Ende alle Karten entsprechend untergebracht sein. Auf dem Tisch liegen dann acht Häufchen, die allesamt mit einer Zehn enden. Wohlgemerkt: vier »echte« schwarze Familien, vier »echte« rote!
Nun ist wohl alles so eingehend erklärt, daß Sie sich guten Mutes ans Werk machen dürfen. Bei anfänglichen Mißerfolgen lassen Sie sich nicht entmutigen. Die Patience geht zwar nicht allzu oft auf, aber auch nicht allzu selten.

Achtzehn Fächer und einer

2 Spiele zu je 52 Blatt

Mit *einer* Fächer-Patience sind wir in Wort und Bild bereits vertraut gemacht worden. Hier nun eine weitaus schwierigere, die allerdings dem passionierten Patiencenspieler auch weitaus mehr Freude bereiten wird. Zwei Spiele zu zweiundfünfzig Blatt werden gemischt. Unser Ziel ist es, acht echte Familien auf den Assen aufzubauen. Wir ziehen vom verdeckten Talon immer je drei Karten ab, die wir fächerförmig offen auslegen, bis achtzehn Fächer vor uns liegen. Die Asse wurden *nicht* aussortiert, sondern sie werden über das Bild gelegt, wenn welche durch Abbau der Fächer frei werden. Solche also, die zufällig gleich rechts außen liegen, kommen sofort über das Bild. Jetzt beginnen wir mit unserem Bau. Immer darf nur *eine* Karte von rechts außen fortgenommen werden, also keine *Folge*. An die Fächer bauen wir fallend, also eine etwa rechts außen liegende Karo-Dame kommt an einen Karo-König rechts außen. (Beim Anbau passender Karten vergrößert sich die Zahl der Karten eines Fächers). Was auf Asse paßt, wird an diese gelegt, also eine freie Kreuz-Zwei aufs Kreuz-As, eine Pik-Zehn auf die Pik-Neun einer bis zu dieser bereits gebauten Pik-Familie.

Wird bei diesem Bau ein Fächer völlig aufgelöst, ersetzen wir ihn durch einen neuen vom Talon. Dadurch ergeben sich neue Möglichkeiten. Es ist aber darauf zu achten, daß immer nur *eine* Karte rechts außen am Fächer bewegt werden darf.

Anders freilich, wenn irgendwann eine fallende Folge entstanden ist, deren äußerste Karte den Anschluß an eine As-Familie bildet. Sie darf nun völlig abgebaut werden. Also: Herz-As, Herz-Zwei, Herz-Drei, Herz-Vier sind bereits gebaut. An einem Fächer liegen, von außen nach innen betrachtet, Herz-Fünf, Herz-Sechs, Herz-Sieben. Diese ganze Folge darf auf die Herz-As-Reihe gebaut werden.

Wenn nun gar nichts mehr geht, wird vom Talon ein neunzehnter Fächer abgezogen und ausgelegt. Sind alle drei Karten dieses Fächers zu verwenden, läßt er sich also auflösen, d. h. er wird durch einen neuen neunzehnten Fächer vom Talon ersetzt. Ist er aber *nicht* völlig auflösbar, wird er wieder eingenommen und verdeckt beiseite gelegt. Dies auch dann, wenn seine rechts außen liegende Karte Verwendung gefunden hätte, oder auch noch die hinter dieser gelegene Mittelkarte des Fächers.

Für den weggelegten oder aufgelösten Hilfsfächer wird ein neuer vom Talon abgezogen und ausgelegt. So geht das fort, bis der Talon aufgebraucht ist. Die wegen Unauflösbarkeit weggelegten Hilfsfächer werden zusammen mit dem ganzen ausgelegten Bild eingenommen. Allein die As-Familien bleiben liegen. Die eingenommenen gemischten Karten werden wieder fächerförmig ausgelegt, falls der Vorrat noch reicht, wieder zu achtzehn Fächern. Sind dann noch Karten im Talon vorhanden, werden sie allein dazu benutzt, an die Stelle durch Ab- bzw. Anbau aufgelöster Fächer gelegt zu werden. Ein neunzehnter Hilfsfächer ist bei diesem zweiten Durchgang nicht erlaubt. Alles muß sich nun auflösen, so daß alle Karten am Ende in acht Familien untergebracht sind, die mit dem As beginnen und mit den König enden.

Volle Aufmerksamkeit ist insofern erforderlich, als sich mitunter mehrere Möglichkeiten ergeben. Unser Augenmerk muß immer darauf gerichtet sein, die Asse freizulegen. Könige andererseits bleiben nach Möglichkeit im wahren Sinne des Wortes »links liegen«. Sie sind ja die letzten Karten, die wir zur Vollendung unserer As-Familien benötigen. So müssen wir auch darauf achten, fallende Folgen, vielleicht von der Acht bis zum König, sofort auf unsere entsprechende As-Familie zu bauen, sofern auf dieser bereits die Anschlußkarte liegt, in unserem Fall also eine Sieben.

Sofern wir die Regel streng beachten, daß von einem Fächer zum anderen immer nur eine Karte rechts außen bewegt werden darf, geht die Patience nicht leicht auf!

Die Königskerze

2 Spiele zu je 52 Blatt

Nachdem die 104 Karten gemischt worden sind, nehmen wir alle Zweien heraus und legen sie in einer senkrechten Reihe untereinander, und zwar immer rot-schwarz (schwarz-rot) im Wechsel. Eine stattliche Reihe, zu der wir fast die gesamte Tischbreite benötigen! Dann ziehen wir die dreißig obersten Karten vom verdeckten Talon ab und legen den restlichen Talon zunächst beiseite.

Diese dreißig Karten spielen wir ab. Erscheint dabei ein As, so wird es von links unter eine Zwei geschoben. Schwarzes As unter rote Zwei, rotes As unter schwarze Zwei. Dort, wo ein As untergeschoben wurde, legen wir nun links davon die nächste Karte aus, die wir von unseren dreißig Karten abziehen, ganz gleich, welchen Wert und welche Farbe sie hat. Auf diese Karte wird nun, immer nach links, fallend gebaut, auf Schwarz Rot, auf Rot Schwarz. Tauchen beim Abziehen des Dreißig-Karten-Talons passende Karten auf, die wir *steigend* rechts anlegen können, auf rote Zwei also schwarze Drei und so fort, so legen wir sie sofort an. Erscheinen Karten, die *fallend* nach links angebaut werden können, so legen wir auch sie an. Kam beispielsweise auf einen Platz links vom unter die Zwei geschobenen As eine schwarze Zehn, so legen wir an sie eine rote Neun, danach schwarze Acht und so fort. Die Plätze links neben den Zweien dürfen aber immer erst dann belegt werden, wenn durch untergeschobenes As hierfür ein »Freiplatz« entstand!

Beim Anlegen betrachten wir auch stets die oberste offene Karte vom Ablagestapel. Sofern sie »anbaufähig« ist, wird sie sofort verwendet! Nachdem diese dreißig Karten alle abgezogen und angebaut bzw. abgelegt sind, wird der Ablagestapel eingenommen und *ungemischt* unter unseren Talon geschoben, den wir bei Spielbeginn beiseite legten. Sehen wir uns nun erst einmal unser Bild an, wie es nach dieser ersten Auslage bei uns aussah. Drei Asse fehlen noch, so daß die Plätze links von den Zweien noch unbesetzt sind. Links vom Herz-As aber liegen Pik-Vier, Karo-Drei. Diese Drei ist eine »Anschlußkarte« zur Pik-Zwei rechts vom Herz-As. Wir dürfen also abbauen, nämlich Karo-Drei auf Pik-Zwei, Pik-Vier auf Karo-Drei. Dadurch ist der Platz links vom Herz-As wieder frei geworden. Er wird mit der obersten Karte besetzt, die wir vom verdeckten Talon abziehen. An diese darf nun wiederum fallend angelegt werden.

Nun ziehen wir Karte für Karte vom Talon ab, wobei die vier Asse auftauchen müssen, die noch fehlen. Sie werden links unter ihre Zweien geschoben, wieder schwarze Karten unter rote bzw. rote unter schwarze.

Der Talon darf nun nur noch einmal durchgespielt werden. Dann muß die Patience aufgegangen sein. Und das heißt: Links dürfen keine Karten mehr liegen, rechts müssen die unechten Familien, Rot-Schwarz oder Schwarz-Rot im Wechsel, nun komplett sein. Sie müssen also allesamt mit einem König enden. Schieben wir sie nun zusammen, dann liegt da eine senkrechte

Reihe zu je dreizehn Karten, mit einem As als unterster Karte, mit einem König als oberster. Unsere »Königskerze« ist also voll erblüht!

Um die Patience zum Aufgehen zu bekommen, müssen wir darauf achten, den Ablagestapel der abgezogenen und zunächst unbrauchbaren Karten abzubauen. Also immer erst die jeweils oben offen ausliegende Karte des Stapels daraufhin prüfen, ob sie zur Auslage verwendet werden kann. Ist dies der Fall, sehen wir uns auch die *nunmehr* offen daliegende Karte an.

Haben wir links von den Assen eine fallende Reihe soweit vorangebracht, daß sich ein Anschluß an die steigende ergibt, ganz gleich, welche Reihe das auch immer ist, dann erhalten wir durch Abbau wieder einen Freiplatz links vom As, der wiederum mit der obersten freiliegenden Karte vom Ablagestapel besetzt wird. Sollte der Ablagestapel aufgebraucht sein, kommt die oberste, vom Talon abgezogene Karte auf diesen Freiplatz.

Entscheidend für das Gelingen dieser Patience ist auch, wie die Asse erscheinen. Kommen erst dann noch Asse zum Vorschein, wenn der Talon aufgebraucht ist bis zum untergeschobenen Ablagestapel der zuerst abgezogenen dreißig Karten (die ja frei von Assen sind, weil in ihnen enthaltene beim ersten Durchgang bereits ausgelegt wurden), dann geht die Patience kaum auf. Liegen die Asse aber einigermaßen günstig im Talon, geht die Patience sehr oft auf.

Bedeutend schwieriger wird sie, wenn wir die durch Abbau der links von den Assen fallenden Reihen bzw. durch deren Anbau an die steigenden Reihen entstandenen Freiplätze links von den Assen *nicht* wieder vom Ablagestapel oder vom Talon besetzen, diese also nunmehr frei bleiben müssen.

Unsere Patience, deren Bild nach der Durchnahme der dreißig zuerst abgezählten Karten Sie hier sehen, ging glatt auf. In gleicher Kartenfolge, nun aber ohne Neubesetzung der Freiplätze links der Asse, ging sie *nicht* auf. Dennoch: Wer's gern schwierig mag, soll es getrost versuchen. Die Patience ist nämlich auch im zweiten, erschwerten Fall zum Aufgehen zu bringen.

Die Königskerze

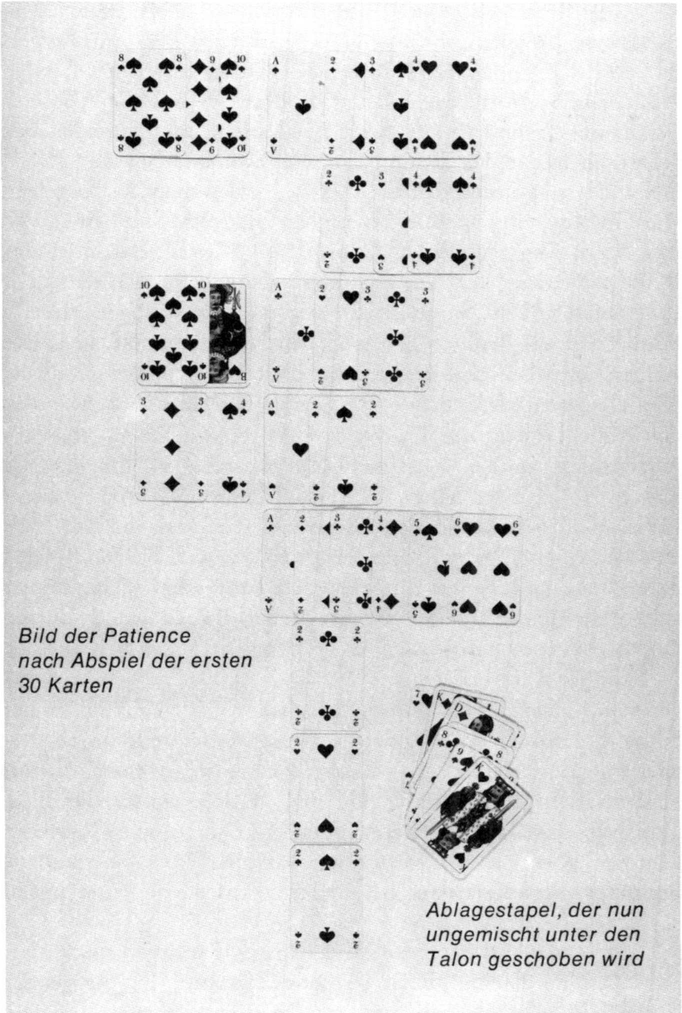

Bild der Patience nach Abspiel der ersten 30 Karten

Ablagestapel, der nun ungemischt unter den Talon geschoben wird

Der Schmetterling

1 Spiel zu 52 Blatt

Dies ist eine äußerst schwierige Patience, die zu legen sich nur für Fortgeschrittene empfiehlt, sowie für jene, die mit den ganz einfachen Patiencen unseres Buches begonnen haben und sich bis hierher fleißig durcharbeiteten. Bei ihnen darf man voraussetzen, daß sie sich die notwendige Routine erworben haben.

Aus einem Spiel zu zweiundfünfzig Blatt werden die Asse herausgenommen und in beliebiger Folge offen untereinander ausgelegt. Sie bilden den »Rumpf« unseres Schmetterlings.

Die übrigen achtundvierzig Karten werden nun so ausgelegt, wie dies aus unserem Bild zu ersehen ist. Rechts und links von den Assen also zwei Reihen zu je fünf Karten, darunter eine Reihe zu je vier Karten, darunter wieder zwei Reihen zu je fünf Karten. Und damit haben wir nun die »Flügel« unseres Schmetterlings. Unsere Aufgabe besteht darin, auf den vier Assen echte Familien steigend zu bauen bis zu den Königen. Dies erreichen wir, indem wir passende Karten, immer nur von den Außenrändern unseres Bildes, auf die Asse bauen. Aber wir dürfen auch an den äußeren Rändern umbauen, um dadurch Karten frei zu bekommen, die nun wieder zum Aufbau unserer Familien dienen. Bei diesen Umbauten darf steigend *oder* fallend, auch im Wechsel, angelegt werden; die Farben spielen dabei keine Rolle, allein die Werte. Da kann nun beliebig immer wieder ab- und angebaut werden, ganze Folgen jedoch dürfen *nicht* weggenommen werden, es sei denn, sie lassen sich auf den As-Familien unterbringen.

Geht nun aber gar nichts mehr, dürfen wir – wiederum immer nur von den äußeren Rändern unseres mittlerweile arg deformierten Schmetterlings – bis zu *drei* Karten wegnehmen, die uns hinderlich sind. Sie kommen in den »Keller« unter das Bild. Nun geht das Bauen weiter. Können wir dazu eine Karte aus dem Keller verwenden, dürfen wir das tun. Der so entstandene Freiplatz im Keller darf bei Bedarf wieder von einer neuen Hilfskarte besetzt werden.

Sehen wir uns nun unser Bild an. Es ist gar nicht so ungünstig. Da kann gleich eine außen liegende Zwei auf ihr As gebaut werden, in unserem Fall also Pik-Zwei auf Pik-As. Und wie

Der Schmetterling

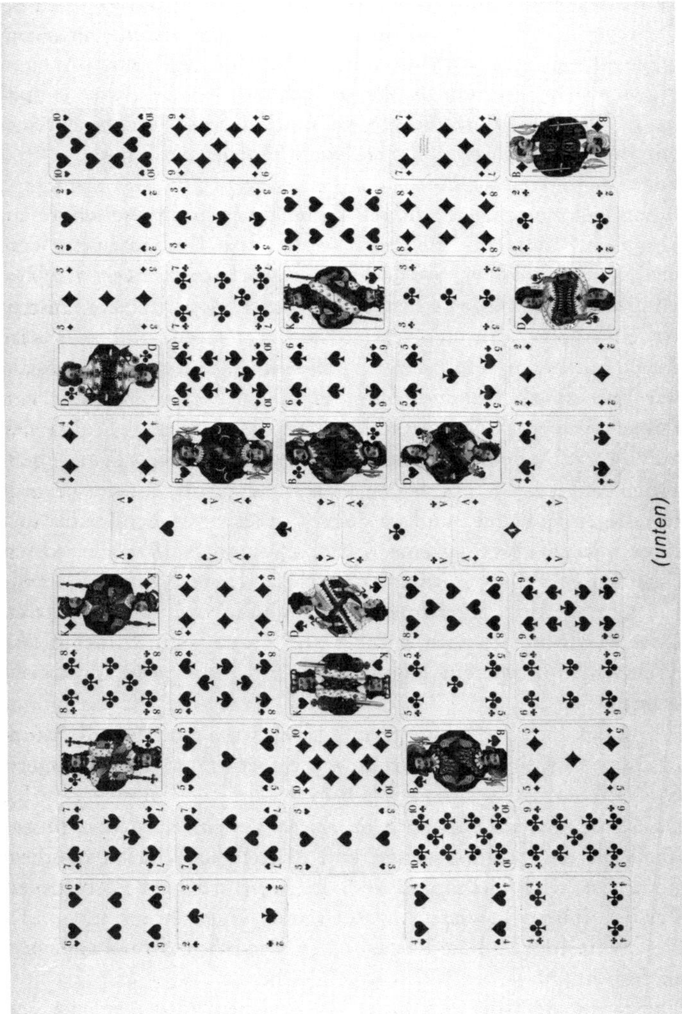

bauen wir am besten um? Herz-Zehn an Karo-Neun, Karo-Bube an Herz-Zehn. Dadurch wird die Kreuz-Zwei frei. Sie kommt aufs Kreuz-As. Nun kann die Karo-Dame an den Karo-Buben gelegt werden. Die Karo-Zwei kommt aufs Karo-As. Gibt es noch weitere Möglichkeiten? Bitte, prüfen Sie das Bild, das nachzulegen wir Ihnen raten.

Geht gar nichts mehr, so dürfen Sie eine bis drei Kellerkarten wegnehmen, aber wirklich nur solche, die neue Möglichkeiten ergeben. Das ist sehr genau zu prüfen, denn – was einmal im Keller liegt, darf nicht etwa umgetauscht werden, sondern wird nur dann weggenommen, wenn es sich zum Bau der echten Familien verwenden läßt.

Besonders müssen wir auf die Könige achten. Je weiter innen, also zum Rumpf hin, sie liegen (oder durch Umbau gelegt werden), desto günstiger. Sie sind ja die Oberhäupter unserer echten Familien, finden ihren richtigen Platz also als allerletzte Karten. An eine Folge, die vielleicht so aussieht: Kreuz-Sieben, Herz-Acht, Pik-Neun, Herz-Zehn, Karo-Bube, Kreuz-Dame, legen wir also gewiß *keinen* König; denn dadurch wäre die ganze Folge blockiert. Wir versuchen statt dessen, die Folge wieder aufzulösen, indem wir die Kreuz-Dame vielleicht an einen außen liegenden König bauen, den Buben an irgendeine andere frei liegende Dame, und so fort. Geraten wir beim Auflösen einer solchen Folge an eine Karte, die zum Aufbau der echten Familien gebraucht werden kann (etwa Kreuz-Neun auf die bis zur Kreuz-Acht aufgebaute Kreuz-Familie), dann tun wir das. Oder – wir tun es auch *nicht!* Dann nicht, wenn hinter dieser Kreuz-Neun etwa ein König frei würde, der alles blockieren könnte.

Wir sehen, daß der Schmetterling keineswegs anmutig von Blüte zu Blüte schwebt, sondern recht widerspenstig ist und ganz gern dort »klebt«, wo er sich gerade befindet.

Diese Patience wird kaum beim ersten Versuch aufgehen, wahrscheinlich auch beim zweiten und dritten noch nicht. Aber sie geht! Und dies besonders deshalb, weil wir von Versuch zu Versuch immer gewitzter werden und klug vorausplanen. In dieser Hinsicht ist diese Patience also einem Schachspiel gar nicht unähnlich.

Übrigens gehört der Schmetterling zu jenen Patiencen, die sich

besonders gut eignen für zwei Spieler. Vier Augen sehen mehr als zwei, zwei Köpfe denken doppelt so gut wie einer. Freilich kann es dabei Streit geben, wenn einer diesen Weg als den gangbarsten wählen will, der andere aber jenen. Für Choleriker, die leicht aufbrausen, ist dies also nicht die richtige Team-Arbeit. Man erinnere sich immer daran, daß Patience nichts anderes heißt als »Geduld«!
Reißt Ihnen dennoch der Geduldsfaden? Will die Patience gar nicht aufgehen? Dann dürfen Sie den einfacheren Weg wählen, d. h. buntgemischte Familien auf den Assen aufbauen, solche also, bei denen die Farben gar keine Rolle spielen, sondern nur die Werte in der richtigen Reihenfolge erscheinen müssen, von As, Zwei, Drei, Vier . . . . . Zehn, Bube, Dame, König.
Weitere Kompromisse können wir nun aber wirklich nicht mehr machen . . .

Die Sonne

2 Spiele zu je 52 Blatt
Für diese sehr unterhaltsame Patience brauchen wir 104 Karten, also zwei Spiele zu zweiundfünfzig Karten. Von diesen werden die ersten acht ausgelegt wie eine »Sonne«, deren »Strahlen« im Spielverlauf länger und länger werden, bis sie allesamt echte Familien bilden, mit den Assen beginnend, mit den Königen endend. Störenfriede sind dabei die Könige, die ja erst als Letzte an ihren »Strahl« gelegt werden können bzw. die Auslage blockieren, weil an sie nichts mehr angelegt werden darf.
Betrachten wir das Bild der Auslage: Kreuz-Zwei, Pik-As, Herz-Bube, Herz-As, Karo-Zehn, Pik-Vier, Herz-Drei. Zwei Grundkarten, die beiden Asse nämlich, liegen schon da. Auf sie wird steigend gebaut, also die Zweien, Dreien und so fort in ihrer Farbe. Auf die übrigen Karten bauen wir fallend. Diese »Strahlen« werden immer dann aufgelöst, wenn die entsprechende Anschlußkarte erscheint. Um beispielsweise eine Herz-Familie weiterzubauen, wenn etwa Herz-Zwei, Herz-Drei, Herz-Vier, Herz-Fünf bereits angelegt sind, müßte der Strahl, der fallend an den Buben gelegt wurde, mit der Herz-Sieben enden.

Wird nun die Herz-Sechs vom Talon abgezogen, bildet sie die Anschlußkarte. Unsere Herz-Familie kann also bis zum Herz-Buben steigend gebaut werden. Dadurch wird ein Platz frei. Er wird mit einem der Asse besetzt, die beim ersten Durchspielen des Talons ganz gewiß allesamt erschienen und neben den Ablagestapel gelegt wurden. Hier ist allerdings zu bemerken, daß auf so einen Freiplatz vorrangig fallende Reihen umgebaut werden, die mit einem As beginnen.

Sehen wir uns hierzu das Bild der Auslage an, wie sie bei uns aussah, nachdem der Talon einmal durchgenommen worden war. Da lag im Bild der Auslage eine Kreuz-Zwei, an sie wurde das Kreuz-As gelegt. Erhalten wir nun einen Freiplatz, kommt auf diesen zuerst Kreuz-As, steigend darauf die Kreuz-Zwei.

Sehen wir zu, ob noch irgend etwas zu machen ist, bevor wir den Ablagestapel einnehmen, um ihn zum zweitenmal durchzuspielen. Richtig: Herz-Drei kommt an Herz-Zwei, Pik-Vier an Pik-Drei. Und weil wir als letzte Karte die Pik-Fünf aufdeckten – sie liegt nun offen zuoberst auf dem Ablagestapel – kommt diese auf die Pik-Vier. Unsere Pik-Familie ist also nach dem ersten Durchgang bis zur Fünf gediehen.

Der eine Freiplatz also wird mit Kreuz-As, Kreuz-Zwei belegt. Auf den anderen kommt eines der abgelegten Asse. Aber welches? Eine berechtigte Frage; denn das ist ganz und gar nicht gleichgültig. Wir wählen am besten eines, bei dem wir die größten Chancen haben, sobald wie möglich den Anschluß an einen fallenden Strahl zu finden. Oder aber eines, das überhaupt noch nicht im Spiel ist. Karo-As ist noch nicht im Spiel; also kommt ein Karo-As auf den Freiplatz.

Und nun wird unser Talon zum zweitenmal durchgespielt. Wir müssen sehr gut aufpassen, um keine der vielen Möglichkeiten des An- und Abbaus zu versäumen. Wichtig ist, daß wir auch immer einen Blick auf die oberste, offen daliegende Karte des Ablagestapels werfen. Paßt sie irgendwo hin, wird sie sofort angelegt. Und nun sehen wir uns auch die nunmehr offen daliegende Karte des Ablagestapels an. Fünfmal dürfen wir unseren Talon so durchnehmen. Dann sollen alle Strahlen gleich lang sein, unser Talon ist restlos aufgebraucht. Da liegen nun also acht Familien einträchtig beisammen, beginnend mit den Assen, endend mit den Königen.

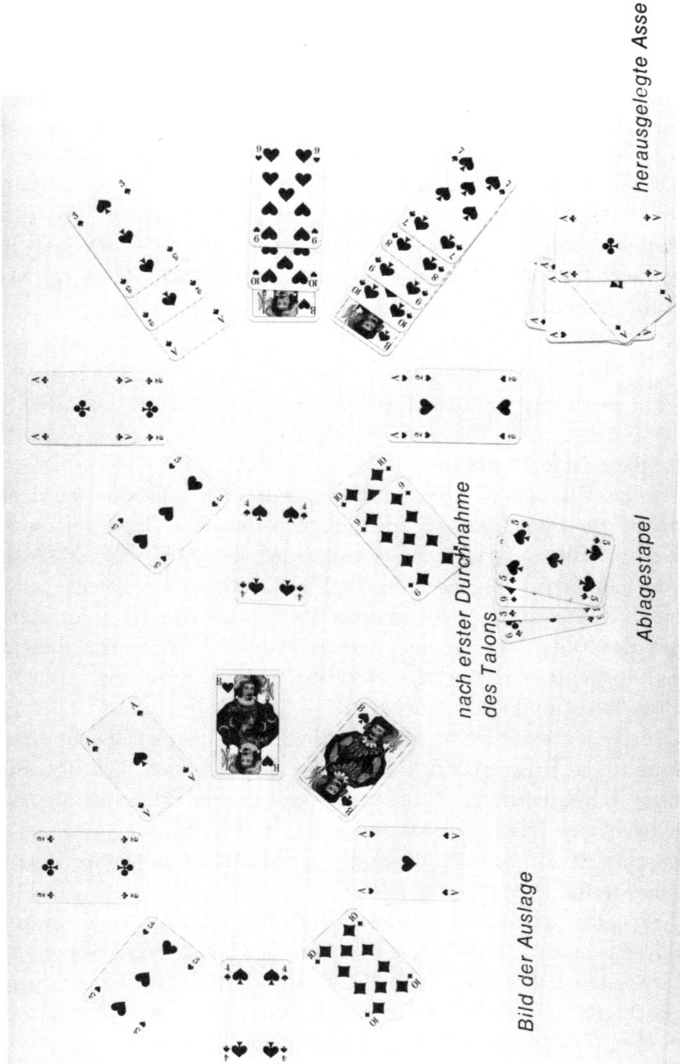
herausgelegte Asse
Ablagestapel
nach erster Durchnahme des Talons
Bild der Auslage

Diese Patience geht *nicht* leicht auf, auch dann nicht, wenn wir gewitzt sind und immer die beste aller sich ergebenden Möglichkeiten wählen!
Wer's bunt liebt, darf diese »Sonne« auch so legen, daß Familien unecht gebaut werden, also rot und schwarz oder schwarz und rot im Wechsel. Da ist es dann gleichgültig, ob wir Pik oder Kreuz auf Herz oder Karo legen, Hauptsache, daß der Farbwechsel gewahrt bleibt.
Leichter wird die Patience dadurch übrigens nicht. Im Gegenteil, wir müssen jetzt besonders gut aufpassen, damit wir keinen Fehler machen. Aber passionierte Patiencespieler wissen ja: »Je größer die erforderliche Konzentration, desto perfekter das Abschalten und Sich-Entspannen!«

Das vertauschte Kruzifix

2 Spiele zu je 52 Blatt
Die beiden Spiele dürfen nicht miteinander gemischt werden. Sehen wir uns gleich das Bild an. Aus den vier Assen und vier Königen eines Spiels zu zweiundfünfzig Blatt wurden Asse und Könige herausgenommen und in Kreuzform ausgelegt. Jetzt mischen wir zunächst ein zweites Spiel zu zweiundfünfzig Blatt mit dem, das der Asse und Könige beraubt wurde. Von diesem Talon ziehen wir nun zwölf Hilfskarten ab, die wir offen in einer Reihe unter das Bild legen.
Ziel der Patience ist es, acht Familien zu bauen; echte Familien, steigend auf den Assen, fallend auf den Königen. Gelingt uns dies, so haben wir am Ende in der senkrechten Reihe als oberste Karten vier Könige, in der waagerechten Reihe aber vier Asse. Unser »Kruzifix« ist nun also vertauscht. Und daher hat es seinen Namen.
Jetzt sehen wir uns die Hilfsreihe an. Wir können Pik-Zwei auf Pik-As legen, Herz-Dame auf Herz-König, Herz-Bube auf Herz-Dame, Pik-Dame auf Pik-König. Die dadurch entstandenen Freiplätze werden sofort wieder vom Talon belegt, und wir prüfen, ob sich dadurch neue Möglichkeiten ergeben.
Geht nichts mehr, wird schuppenförmig eine neue Hilfsreihe zu zwölf Karten auf die erste gelegt. Immer bemüht, neue Frei-

Das vertauschte Kruzifix

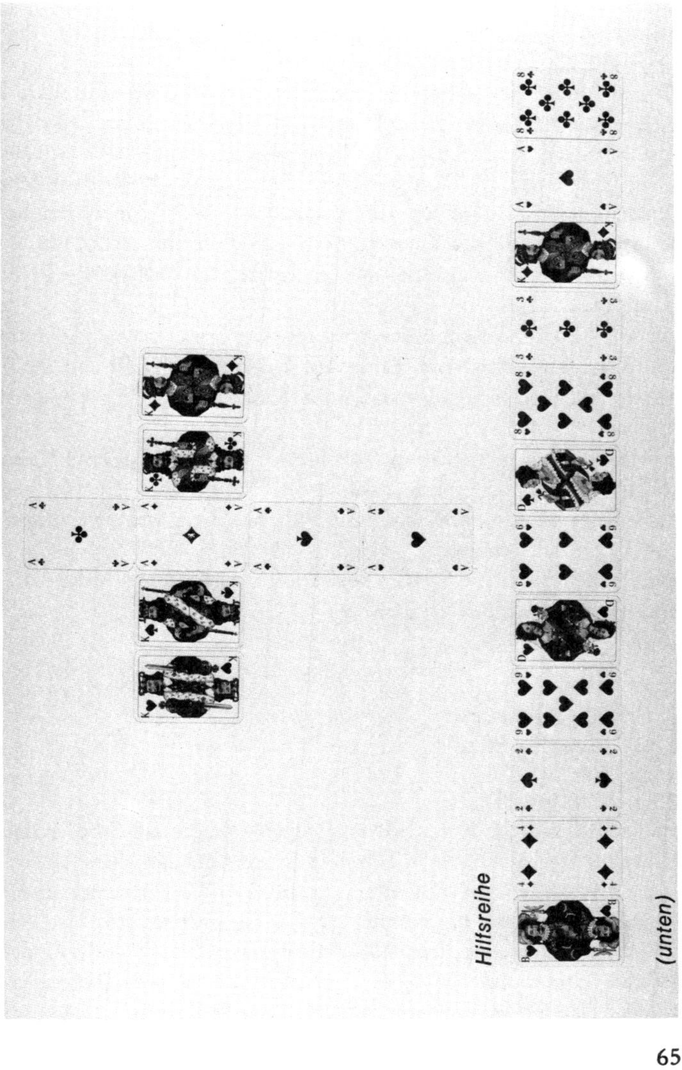

plätze in der Hilfsreihe zu erhalten, wählen wir bei zwei verschiedenen Möglichkeiten immer diejenige, bei der auch die darunter liegende Karte verwendet werden kann, denn dadurch wird wieder ein Platz frei. Haben wir so unseren Talon einmal durchgespielt, sind also alle Karten im Bild oder in den schuppenförmig gelegten Hilfsreihen untergebracht, werden die Hilfsreihen wieder eingenommen, gemischt und eine neue Hilfsreihe zu zwölf Karten vom Talon abgezogen.
Dreimal darf der Talon durchgespielt werden. Dann muß die Patience aufgegangen sein. Diesen Gefallen tut sie uns verhältnismäßig oft, weil sich gegen Ende nämlich häufig alles auflöst »wie geschmiert«. Wohlgemerkt: Durch Abbau entstandene Lücken in den Hilfsreihen dürfen nur dann sofort wieder neu besetzt werden vom Talon, wenn ein echter Freiplatz entstanden ist, also über der weggenommenen Karte der Hilfsreihen keine Karte mehr liegt.
Anfangs darf großzügiger verfahren werden. Es werden dann sofort neue Karten vom Talon auf jeden frei werdenden Platz gelegt, auch dann also, wenn noch Karten darüber vorhanden sind.
Gut aufpassen, bitte. Legen wir nämlich versehentlich eine Karte steigend auf eine fallende Familie oder umgekehrt, eine fallend auf eine steigende Familie, ist die Patience rettungslos verfahren und kann nicht aufgehen.
Im übrigen macht sie Spaß, allein schon wegen des hübschen Bildes, das sich am Ende ergibt.

Die Bildergalerie

2 Spiele zu je 52 Blatt

»Warum legen Sie eigentlich Patiencen?« fragte ein Schüler den Klassenlehrer, als dieser im Schullandheim stets nach dem Abendessen dies »Spiel mit sich allein« ausübte. »Weil ich mich durch Konzentration auf die Karten entspanne, und weil ich ästhetisches Vergnügen an dem hübschen Bild habe«, erwiderte der Lehrer. Und damit hatte er den Sinn dessen, was Patiencen-Gegner als »Unsinn« abtun, ausgezeichnet definiert.

Für die »Bildergalerie« trifft dies in hohem Maße zu. Wir müssen nämlich sehr gut aufpassen, weil uns andernfalls nur allzu leicht ein Fehler unterläuft. Und am Ende ergibt sich ein hübsches Bild, sofern die Patience gelingt.

Zwei Spiele zu zweiundfünfzig Blatt werden gemischt. Drei Reihen mit je acht Karten werden offen ausgelegt. Darunter kommt – im Abstand – eine vierte Reihe zu acht Karten, unsere Hilfsreihe. Ziel unserer Patience ist es, die Karten so zu ordnen, daß am Ende in der obersten Reihe alle Könige obenauf liegen, in der zweiten Reihe alle Damen, in der dritten alle Buben. In der Tat: ein hübsches Bild! Aber wie können wir das erreichen?

Die Grundkarten der obersten Reihe sind die Vieren. Die Grundkarten der zweiten Reihe sind die Dreien. Die Grundkarten der dritten Reihe sind die Zweien. Auf die Vieren werden gebaut: Sieben, Zehn, König, und zwar immer in der gleichen Farbe. Auf die Dreien werden gebaut: Sechsen, Neunen, Damen. Auf die Zweien werden gebaut: Fünfen, Achten, Buben. Die Asse spielen nicht mit. Liegen welche in der ersten Auslage, werden sie sogleich herausgenommen und beiseite gelegt. Die dadurch entstandenen Freiplätze werden aus dem Bild oder aus der Hilfsreihe, sofern möglich, mit Vier, Drei oder Zwei besetzt, je nachdem, in welcher Reihe ein Platz frei wurde.

Und nun beginnen wir mit dem Bau. Liegt da in der obersten Reihe etwa eine Pik-Vier, halten wir Ausschau, ob sich im Bild oder in der Hilfsreihe eine Pik-Sieben befindet, die dann sogleich auf die Pik-Vier kommt. Werden dadurch im Bild Plätze frei, werden diese *nicht* besetzt, es sei denn, durch eine dorthin gehörende Grundkarte (Vier in der obersten Reihe, Drei in der zweiten, Zwei in der dritten Reihe). Werden durch unseren Bau aber Plätze in der Hilfsreihe frei, werden diese sofort vom Talon neu besetzt. Dadurch ergeben sich wahrscheinlich wieder neue Möglichkeiten. Geht gar nichts mehr, wird auf die Hilfsreihe eine neue gelegt.

Betrachten wir nun einmal unser Bild, wie es sich nach der ersten Auslage (S. 68) ergeben hat. Prüfen wir die sich daraus ergebenden Möglichkeiten.

Da sind drei Asse im Bild, die sofort herausgenommen werden. Dadurch sind drei Freiplätze entstanden. Die Herz-Drei nehmen wir aus der obersten Reihe, *nicht* aber die aus der Hilfsreihe,

Die Bildergalerie

erste Auslage

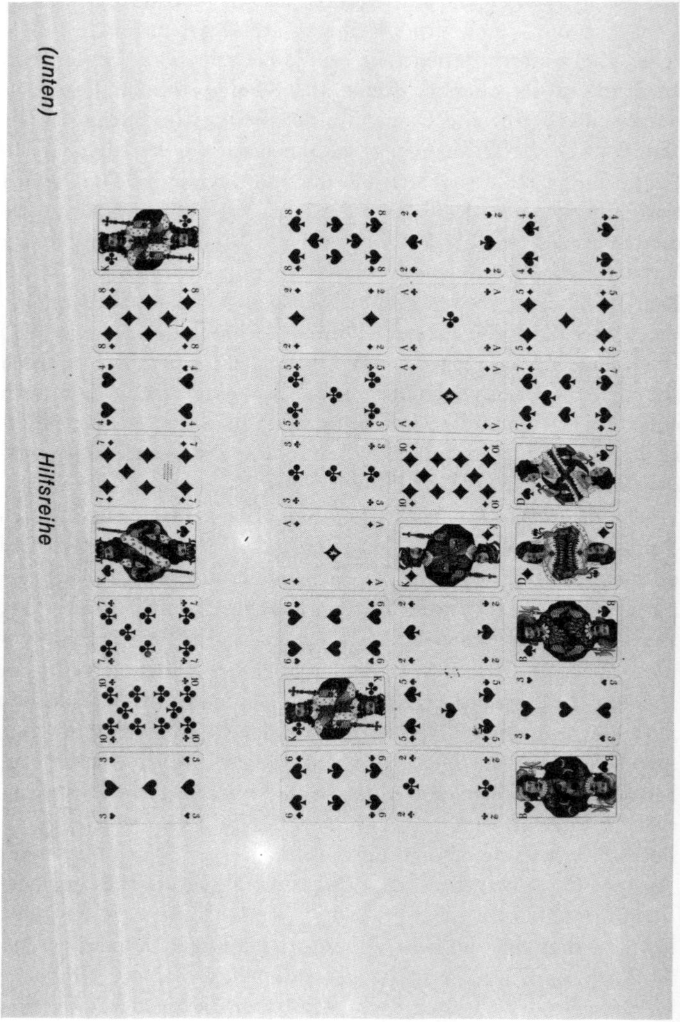

Die Bildergalerie

Nach Auslage der zweiten Hilfsreihe

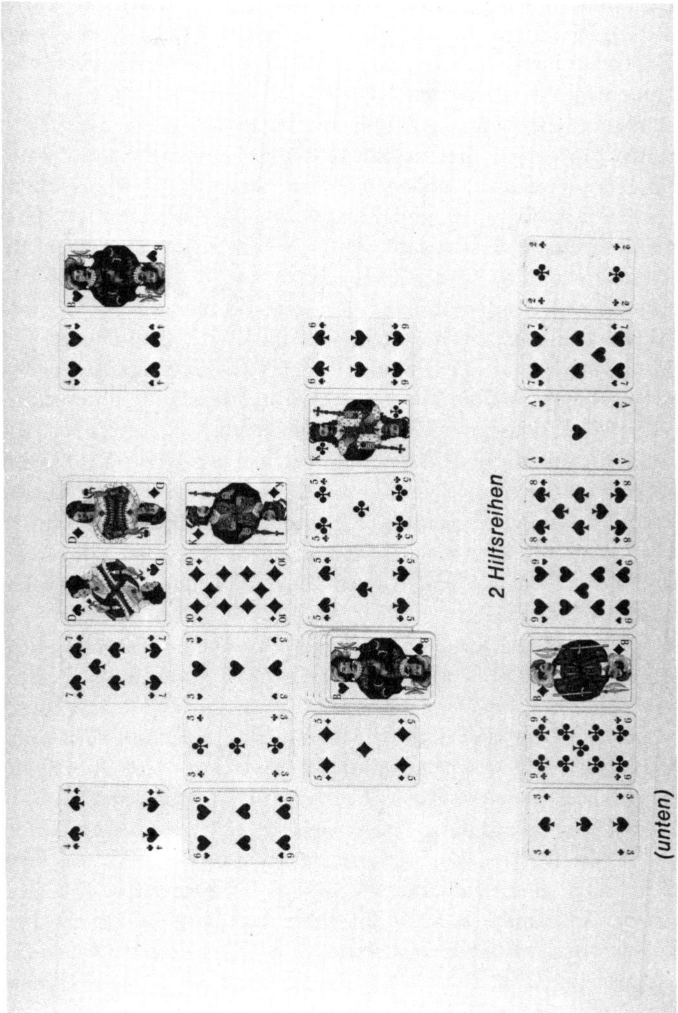

denn andernfalls bekämen wir in der obersten Reihe ja keinen Freiplatz für eine Vier. Herz-Vier – weil im Bild keine vorhanden – aus Hilfsreihe auf Freiplatz. Der Freiplatz in der Hilfsreihe wird nun sofort wieder vom Talon besetzt. Es ist eine Pik-Fünf. Jetzt haben wir noch zwei Freiplätze in der dritten Reihe. Dorthin kommen zwei Zweien aus dem Bild. Dadurch wird wieder ein Platz frei in Reihe Zwei, den wir mit Herz-Drei aus der Hilfsreihe besetzen. Freiplatz in Hilfsreihe sofort wieder vom Talon besetzen. Es ist eine Karo-Neun.

Und jetzt sehen wir zu, ob und wo sich etwas aufbauen läßt. Am besten prüfen wir dies Reihe für Reihe. Herz-Siebenen, die auf die Herz-Vieren der obersten Reihe kämen, sind nicht vorhanden. Wohl aber ist da eine Herz-Sechs, die auf eine Herz-Drei kommt. Dadurch wird ein Platz frei in Reihe Drei, der mit Kreuz-Zwei aus Reihe Zwei besetzt wird. Kreuz-Fünf auf Kreuz-Zwei. Karo-Fünf aus der ersten Reihe auf Karo-Zwei. Pik-Fünf aus der zweiten Reihe auf Pik-Zwei. Und nun kommt die Pik-Acht auf die Pik-Fünf, der Pik-Bube aus der ersten Reihe kommt auf die Pik-Acht. Und damit ist eine unserer insgesamt vierundzwanzig Folgen bereits fertig!

Schließlich ist da noch eine Pik-Zwei, auf die wir die Pik-Fünf aus der Hilfsreihe legen können. Freiplatz in der Hilfsreihe wird sofort wieder besetzt vom Talon. Es ist eine Kreuz-Zehn.

Und nun geht nichts mehr, falls wir nichts übersehen haben sollten. Wir ziehen also acht Karten vom Talon und legen sie offen auf die Hilfsreihe.

Es ist ratsam, immer schuppenförmig zu bauen, damit wir sehen, was da bereits alles angelegt worden ist. Andernfalls machen wir nämlich leicht einen Fehler. Da liegt beispielsweise eine Karo-Neun, unter der aber noch *keine* Karo-Sechs liegt und auch keine Karo-Drei. Legen wir nun auf so eine Karo-Neun die Karo-Dame, dann kann die Patience nie und nimmer aufgehen!

Jetzt sehen wir uns das Bild an, nach der zweiten Auslage (S. 69) der Hilfsreihe. Da kommt erst einmal das Herz-As weg und wird durch eine neue Karte vom Talon besetzt. Die Pik-Drei aus der Hilfsreihe kommt auf einen Freiplatz in der zweiten Reihe und wird durch eine Karte vom Talon ersetzt. Bauen Sie selbst weiter. Der Talon darf nur einmal durchgespielt werden. Dann muß unsere Bildergalerie komplett sein!

Der Eisbrecher

2 Spiele zu je 52 Blatt
Aus zwei Spielen zu zweiundfünfzig Blatt werden vier Asse der vier Farben herausgenommen und zu einem Viereck ausgelegt. Dann ziehen wir vom Talon zehn Karten ab und legen sie offen um die Asse herum aus. Erscheinen dabei Zweien, werden sie sogleich auf die Asse ihrer Farbe gelegt und die entstandenen Lükken werden durch je eine neue Karte vom Talon besetzt. Sind keine Zweien im Bild, bauen wir fallend, in ganz beliebiger Farbfolge, an die Karten an, die unsere Asse umrahmen. Wir benutzen hierfür aber nur solche Karten, die bereits ausliegen. Entstehen dabei Freiplätze, werden diese sogleich wieder von je einer Karte des Talons besetzt. Dadurch ergeben sich dann oft wieder neue Anbaumöglichkeiten. Man darf übrigens, wenn möglich, auch *zwei* oder drei in der Reihenfolge fallende Karten anbauen.
Ziel unserer Patience ist es, steigend echte Familien auf den Assen aufzubauen. Geht gar nichts mehr, darf wieder eine Karte vom Talon abgezogen und auf ihre Anbaufähigkeit hin geprüft werden. Diese Karte ist dann unser »Eisbrecher«, d. h.: die Patience kann fortgeführt werden, wenn sich durch diese Karte neue Möglichkeiten ergeben. Andernfalls aber ist sie »eingefroren«. Nichts geht mehr; die Patience ist gescheitert.
Betrachten wir unser Bild. Wir können die Folge Pik-Sechs, Kreuz-Fünf an die Folge Pik-Neun, Kreuz-Acht, Pik-Sieben legen und erhalten dadurch wieder einen Freiplatz, der vom Talon besetzt wird. Erscheint nun – endlich einmal! – eine Zwei, so ist das Eis gebrochen, denn diese Zwei kommt auf ihr As. Und wieder haben wir einen Freiplatz. Ist es gar eine Pik-Zwei, können wir eine der beiden links außen liegenden Pik-Dreien anbauen. Eine daran anbaufähige Pik-Vier wird dadurch aber leider nicht frei.
Wir ziehen nun wieder eine Karte vom Talon. Sie ist ein »Eisbrecher«, wenn sich durch sie neue Möglichkeiten ergeben oder wieder ein Freiplatz entsteht. Ist die Karte aber unbrauchbar, ist die Patience gescheitert, es sei denn, wir könnten durch Umbau innerhalb unserer Folgen noch neue Möglichkeiten schaffen. Hierfür ein Beispiel: Nehmen wir an, unsere Kreuz-Familie sei

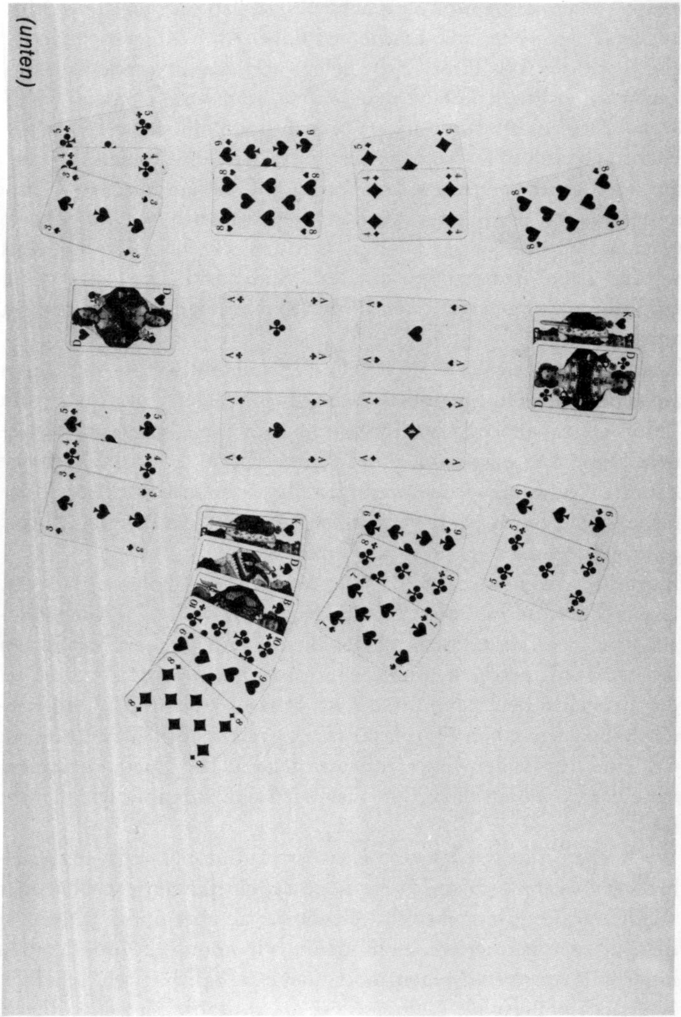
(unten)

bis zur Sieben auf ihrem As aufgebaut. Um an die Kreuz-Acht heranzukommen, dürfen wir – siehe Bild – die Pik-Sieben von der Kreuz-Acht wegnehmen und sie an die Karo-Acht oder an eine der Herz-Achten legen. Dadurch kämen wir an unsere Kreuz-Sieben heran.
Günstig ist die Lage unseres Bildes übrigens nicht, weil nämlich noch keine einzige Zwei aufgetaucht ist, also die Aufbaumöglichkeiten auf die Asse blockiert sind. Es ist zu befürchten, daß diese Patience einfriert. Oftmals sieht alles aber viel günstiger aus; die Patience geht gar nicht so selten auf.

Die Kalkulation

2 Spiele zu je 52 Blatt
Dies ist eine Patience von sehr hohem Schwierigkeitsgrad, also etwas für sehr erfahrene Spieler. Wer sie einmal beherrscht, wird sie immer wieder legen. Eben wegen ihrer Schwierigkeiten spielt sie sich besonders gut zu Zweit!
Zwei Spiele zu je zweiundfünfzig Blatt werden gemischt und als acht Häufchen offen ausgelegt, die je dreizehn Karten enthalten. Liegen zufällig Könige zuoberst, werden sie sogleich weggenommen und unter das Häufchen geschoben, auf dem sie lagen. Jetzt nehmen wir von jedem Häufchen die oberste Karte und legen sie offen mit Abstand über den Häufchen aus, so daß nun also eine neue Achterreihe entstanden ist. Das Bild der Auslage ist auf unserer Bildtafel ersichtlich, wobei wir allerdings schon einen Schritt weitergegangen sind; denn unter der Karo-Sechs der oberen Reihe liegt eine Karo-Dame. Zwei Könige lagen obenauf, nachdem wir unsere acht Häufchen zu je dreizehn Karten ausgelegt hatten. Sie wurden unter ihr Häufchen geschoben, was ebenfalls aus unserer Bildtafel ersichtlich ist. (Freilich haben wir auf der Bildtafel jedes Dreizehnerpäckchen nur angedeutet, denn jeweils dreizehn Karten zu packen erschien uns unnötig und hätte einen allzu hohen Packen ergeben.) Wohlgemerkt also: in unserer *Original*-Auslage – immer dreizehn!
Was hat es aber nun für eine Bewandtnis mit der Karo-Dame, die da so einsam zwischen den beiden Reihen liegt?
Hier beginnt unsere Kalkulation, nach der die Patience ihren

Namen erhielt. Ihr Ziel ist es, am Ende dreizehn Häufchen auf dem Tisch zu haben, die allesamt mit einem König enden. Wie wir das aber erreichen? Das grenzt fast schon an »höhere Mathematik«! (Wenn Sie die Tabelle auf Seite 78, 79 zu Rate ziehen, ist es allerdings nicht mehr gar so schwer.) Von unseren Dreizehnerpäckchen her werden die Zwischenräume belegt, die wir unter der oberen Auslage von acht Karten frei gelassen haben. Unter jede Karte der oberen Reihe kommt eine obere Karte von einem der Dreizehnerpäckchen, die jeweils dem doppelten Wert der oberen Karte entspricht. Die Kartenwerte sind: As = 1, Zwei = 2, Drei = 3, ... Zehn = 10, Bube = 11, Dame = 12, König = 13. Unter die oben ausgelegte Karo-Sechs kam also eine Dame von einem der Dreizehnerhäufchen, denn ihr Wert ist 12, also das Doppelte von Sechs. (Die Kartenfarben übrigens spielen dabei keine Rolle; wir hätten unter die Karo-Sechs also auch eine Kreuz-, Pik- oder Herz-Dame legen dürfen.)

Aber was nun? Der doppelte Wert von Zehn ist Zwanzig, Karten mit dem Wert Zwanzig aber gibt es nicht. Der doppelte Wert von Acht ist Sechzehn, auch eine Karte solchen Wertes gibt es nicht. Da wäre also nur noch die Kreuz-Fünf, die wir mit einer Zehn vom Dreizehnerhäufchen besetzen könnten, wäre da eine obenauf, was aber in unserem Bild nicht der Fall ist.

Immer dann, wenn bei der Verdoppelung des Kartenwertes eine Summe herauskommt, die über 13 liegt – für die es also keine Karte gibt, weil die Kartenwerte ja nur von As (1) bis König (13) reichen – ziehen wir von so einem Wert 13 ab und legen *die* Karte an, die dem dadurch erreichten Wert entspricht. Für unsere als zweite Karte oben ausgelegte Zehn ergäbe das also: 10 + 10 = 20; 20 – 13 = 7. Unter die Zehn kommt also eine Sieben! Unsere nächste oben ausgelegte Karte ist eine Acht. 8 + 8 = 16; 16 – 13 = 3. Unter die Acht kommt also eine Drei, sofern solche auf einem unserer acht Dreizehnerpäckchen vorhanden ist. Und weiter: Sieben liegt da als nächste Karte aus. 7 + 7 = 14; 14 – 13 = 1. Unter die Sieben kommt also – falls vorhanden – ein As.

Werden durch Anbau von Karten der Dreizehnerpäckchen wieder Karten frei, die nun zuoberst liegen, dürfen sie selbstverständlich – wenn möglich – zum weiteren Bau verwendet werden; denn unser Ziel ist es ja, diese Päckchen allesamt aufzulösen. Freiwerdende Könige werden stets sofort unter ihr Päckchen geschoben.

Hier und da ist unser Anbau angefangen. Wie wird nun weiter verfahren? Immer wird der Wert der obersten Karte, also der Grundkarte, mit dem der zuletzt angelegten Karte addiert. Kommt dabei ein Wert unter 13 heraus, wird – wenn vorhanden – die entsprechende Karte angelegt; bei einem Wert über 13 werden 13 abgezogen und die Karte wird angelegt, deren Wert der Zahl entspricht, die dabei herauskam.

Mitunter gibt es mehrere Möglichkeiten. Beispiel: Unter unserer Grundkarte Sechs liegt bereits die Dame, darunter eine Fünf, darunter ein Bube, denn $6 + 5 = 11$, der Bube hat den Wert 11! Welche Karte käme nun unter den Buben? $6 + 11 = 17$; $17 - 13 = 4$. Auf unseren Dreizehnerpäckchen liegen aber vielleicht zwei Vieren. Wir nehmen nun jene zum Anbau, unter der eine solche Karte erscheint, die wiederum hier oder dort zum Anbau verwendet werden kann. Liegt unter einer der Vieren aber ein König, so nehmen wir diese Vier weg, um den dadurch frei gewordenen König unter sein Päckchen zu schieben. Wir müssen Sorge tragen, die Könige immer unterzuschieben, sobald welche frei werden, denn sie sind ja die letzten Karten, die zum Schluß an den fertig gebauten Folgen liegen müssen. Taucht übrigens ein König auf, wenn wir unsere acht Karten in die obere Auslage als Grundkarten legen, wird auch er sofort unter sein Päckchen geschoben und die nächste Karte, die dadurch frei geworden ist, wird oben in die Achterreihe gelegt.

Geht gar nichts mehr zu bauen, dürfen wir das links außen liegende Päckchen auflösen, indem wir die oberste Karte aufs zweite Päckchen legen, die nächstoberste aufs dritte Päckchen, und so fort. Bleiben dabei Karten übrig, weil dies Päckchen mehr als acht Karten enthält, werden diese restlichen Karten offen wieder zurückgelegt auf Platz 1 links außen. Erscheinen bei der Auflösung Könige, kommen sie unter das Päckchen, das der Reihenfolge entspricht. Das heißt: Als dritte Karte des ersten Päckchens links außen erscheint vielleicht ein König. Er kommt nun nicht *auf* das vierte Päckchen, sondern *unter* dieses. Die nächste Karte, die frei wird bei Auflösung des Päckchens Nr. 1, kommt nun oben auf das Päckchen Nr. 4.

Nun sehen wir wieder zu, was wir bauen können. Sind wiederum alle Möglichkeiten erschöpft, dürfen – falls noch welche vorhanden – zuerst die auf Platz Nr. 1 links außen zurückgelegten Karten verteilt werden, und danach darf auch das Päckchen Nr. 2 links außen so weit aufgelöst werden, bis alle Karten der Dreizehnerpäckchen neu besetzt sind. Übriggebliebene Karten werden auf Platz Nr. 2 zurückgelegt.
Und wieder bauen wir, bis nichts mehr geht. Dann dürfen noch die restlichen Karten des Päckchens Nr. 2 verteilt werden – und dann ist's damit Schluß! Das dritte Päckchen von links darf also *nicht* mehr aufgelöst werden!
Dennoch: Geht gar nichts mehr von unseren unten ausgelegten Päckchen zu bauen, dürfen wir unter den oben ausgelegten Grundkarten Umbauten vornehmen. Die Grundkarten selbst aber müssen immer liegen bleiben. Auch hierfür ein Beispiel: Die Reihe unter der Sechs ist z. B. vielleicht nur bis zur Drei gebaut. Daran käme eine Neun, die aber nicht aufliegt. Unsere Reihe unter der Sieben aber ist bis zur Neun gebaut. Unter diese Neun kommt eine Drei, die wir von der Reihe unter der Sechs wegnehmen dürfen, um sie an die Reihe unter der Sieben zu bauen, falls dadurch eine Anschlußkarte von einem der Dreizehnerpäckchen genommen werden kann; in unserem Fall wäre das eine Drei, durch deren Wegnahme nun wieder eine Karte auf dem entsprechenden Dreizehnerpäckchen frei wird, die vielleicht zum Fortführen der Patience verwendet werden kann.
Wir sagten schon anfangs, daß unsere Kalkulation so eine Art »höherer Mathematik« ist. Bei aller Aufmerksamkeit kann es vorkommen, daß wir uns verrechnen, und tun wir das, kann unsere Patience natürlich nicht aufgehen. Um Ihnen die Rechnung zu erleichtern, haben wir für Sie eine *Tabelle* aufgestellt, die Sie am besten neben Ihr Bild legen, um vergleichen zu können, ob Sie auch keinen Fehler gemacht haben. Halten Sie sich an unsere oben erklärte Methode. Beim ersten Mal: Wert der Grundkarte + Wert der zuletzt angelegten Karte = Wert der als nächster anzulegenden Karte, oder ab zweitem Mal aber: Wert der Grundkarte + Wert der zuletzt angelegten Karte – 13 = Wert der nun anzulegenden Karte, dann ergibt sich die Tabelle, die Sie auf S. 78, 79 finden.
Dazu wäre noch zu sagen, daß es gleichgültig ist, ob in unserer

Die Kalkulation, Bild I

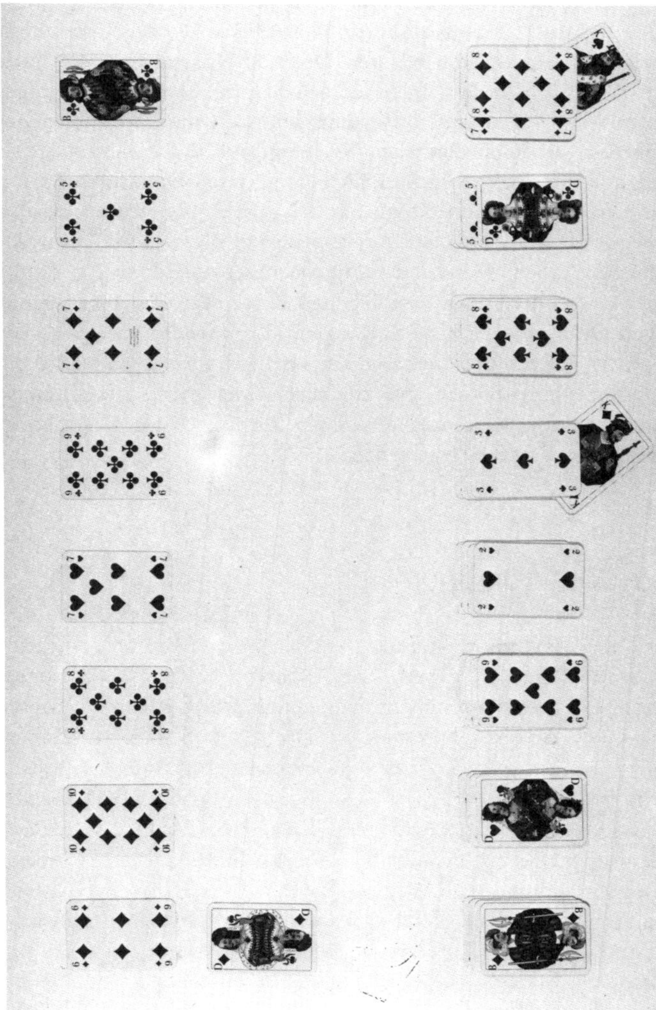

(unten)

oberen Auslage mehrere Grundkarten gleichen Wertes liegen. Auf unserem Bild erscheint zweimal eine Sieben. Also werden zwei Reihen mit den Grundkarten Sieben gebaut. Bloß Könige müssen – wie gesagt – sofort wieder entfernt werden. Mit einem König darf keine Reihe beginnen, denn die Könige bilden ja allemal die letzte Karte unserer fertig gebauten Reihen!
Nun zu Bild II der »Kalkulation« auf Seite 80. Was unten noch übriggeblieben ist von unseren Dreizehnerpäckchen – sie lösen sich ja im Spielverlauf mehr und mehr auf – haben wir weggelassen. Wir zeigen Ihnen also nur, wie weit unsere Patience gediehen ist, nachdem Päckchen Nr. 1 und Nr. 2 aufgelöst wurden und auf die übrigen sechs Päckchen verteilt. Danach schöpften wir alle sich bietenden Möglichkeiten aus. Es bleibt uns nun also nur noch der Umbau der Auslage übrig, wie wir ihn oben beschrieben haben. Wenn wir dadurch immer wieder an Anschlußkarten der unten noch verbliebenen Restbestände der ursprünglichen Dreizehnerpäckchen gelangen, also wieder neue oben aufliegende Karten frei bekommen, um weiterzubauen, geht die Patience vielleicht auf. Sie tut dies leider nicht allzu häufig, aber immerhin oft genug, um Ihnen die Freude an dieser hochinteressanten Patience zu erhalten.

Hier nun die Tabelle:

As	Zwei	Drei	Vier	Fünf	Sechs
Zwei	Vier	Sechs	Acht	Zehn	Dame
Drei	Sechs	Neun	Dame	Zwei	Fünf
Vier	Acht	Dame	Drei	Sieben	Bube
Fünf	Zehn	Zwei	Sieben	Dame	Vier
Sechs	Dame	Fünf	Bube	Vier	Zehn
Sieben	As	Acht	Zwei	Neun	Drei
Acht	Drei	Bube	Sechs	As	Neun
Neun	Fünf	As	Zehn	Sechs	Zwei
Zehn	Sieben	Vier	As	Bube	Acht
Bube	Neun	Sieben	Fünf	Drei	As
Dame	Bube	Zehn	Neun	Acht	Sieben
König	König	König	König	König	König

Sieben	Acht	Neun	Zehn	Bube	Dame
As	Drei	Fünf	Sieben	Neun	Bube
Acht	Bube	As	Vier	Sieben	Zehn
Zwei	Sechs	Zehn	As	Fünf	Neun
Neun	As	Sechs	Bube	Drei	Acht
Drei	Neun	Zwei	Acht	As	Sieben
Zehn	Vier	Bube	Fünf	Dame	Sechs
Vier	Dame	Sieben	Zwei	Zehn	Fünf
Bube	Sieben	Drei	Dame	Acht	Vier
Fünf	Zwei	Dame	Neun	Sechs	Drei
Dame	Zehn	Acht	Sechs	Vier	Zwei
Sechs	Fünf	Vier	Drei	Zwei	As
König	König	König	König	König	König

Die Turnerriege

1 Spiel zu 52 Blatt

Sie ist gleichsam die »kleine Schwester« der Kalkulation, ist einfacher zu legen, weil nur ein Spiel zu zweiundfünfzig Blatt benötigt wird. Am Ende aber steht ein ganz besonderer Gag, nämlich der Aufmarsch unserer Karten in »Turnerriegen«.

Aus einem Spiel zu zweiundfünfzig Blatt nehmen wir heraus: ein As, zwei Zweien, eine Drei, zwei Vieren, eine Sechs und eine Acht. Die Farben spielen keine Rolle; allein auf die Kartenwerte kommt es an. Jetzt legen wir zwei offene Reihen aus, deren oberste, von links nach rechts, enthält: As, Zwei, Drei, Vier. Darunter legen wir: Zwei, Vier, Sechs, Acht. Und nun ziehen wir vom gut gemischten Talon Karte für Karte ab und legen sie, wenn möglich, an unser Bild. Die unbrauchbaren Karten, offen zu einem Spiel aufgelegt, spielen insofern mit, als die jeweils oberste zum Bau mitverwendet werden darf.

Die Spielregeln entsprechen der »Kalkulation« (s. Seite 73). Es wird also immer solche Karte angelegt, deren Wert dem der obersten Karte + dem der jeweils untersten Karte entspricht (s. S. 78). Liegt dieser Wert höher als 13, so werden 13 abgezogen, und es wird die Karte angelegt, die nun diesem Wert entspricht. Für unsere erste Reihe links außen würde das also so

Die Kalkulation, Bild II

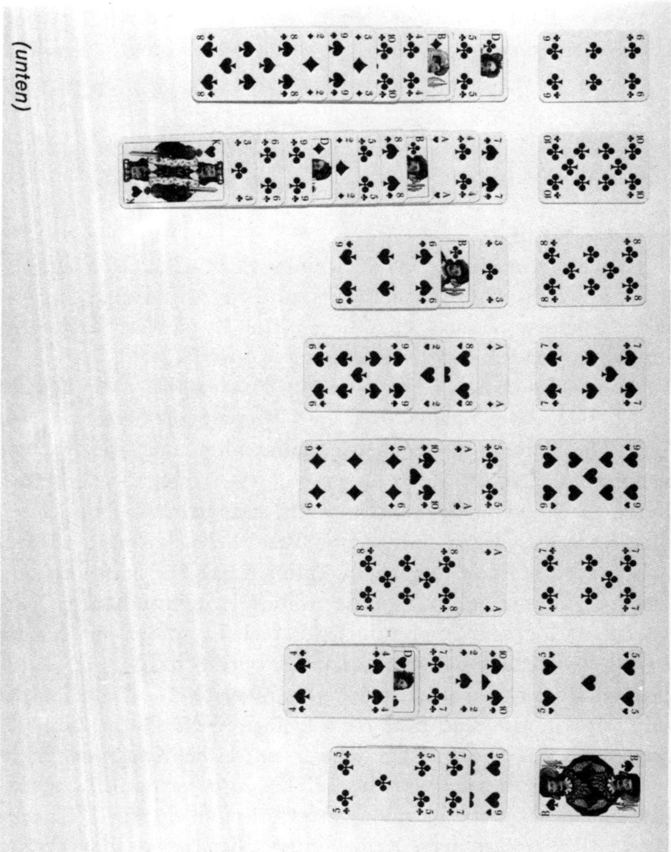

aussehen: As und Zwei liegen da. As (1) + 2 = 3. Die als nächste anzulegende Karte wäre also eine Drei. Sie ist nun die unterste Karte. Drei und As ergeben 4, als nächste Karte wird also eine Vier angelegt.
Sie brauchen nur einen vergleichenden Blick auf die Tabelle zu werfen, die Sie in der »Kalkulation« finden (s. S. 78). Wenn unsere vier senkrechten Reihen richtig gebaut sind, müssen sie je dreizehn Karten enthalten, in der Reihenfolge der Tabelle As bis Vier, also allesamt mit einem König enden. Um dies zu erreichen, darf der Talon zweimal durchgespielt werden, wobei wir nicht vergessen dürfen, daß die jeweils oberste Karte des Ablagestapels, sofern verwendbar, mitspielt. Gelingt uns die Patience nicht nach zweimaligem Durchspielen des Talons, dürfen wir – gleichsam zum Trost – dennoch unsere Turnerriegen aufmarschieren lassen. Wir legen alle Reihen in die richtige Folge – sofern die Patience aufging, ist dies natürlich nicht mehr nötig, denn die richtigen Folgen sind ja ohnedies vorhanden –, schieben die senkrechten Reihen bis auf die Grundkarten As, Zwei, Drei, Vier zusammen und legen unter jedes Päckchen die ihm zugehörige Grundkarte. Jetzt nehmen wir die vier Päckchen von *rechts* nach *links* ein und wenden unseren Talon, so daß er nun verdeckt daliegt.
Von diesem verdeckten Talon ziehen wir nun die dreizehn obersten Karten ab und legen sie offen zu einer Dreizehnerreihe aus. Nun kommt die zweite Reihe. Wir legen sie so aus, daß wir den ersten Platz frei lassen und immer jeden zweiten Platz besetzen, also: Platz 2, 4, 6, 8, 10 und 12. Danach besetzen wir Platz 1, 3, 5, 7, 9, 11, 13. Jetzt ist auch diese Reihe komplett. Bei der dritten Reihe besetzen wir zuerst Platz 3, dann die Plätze 6, 9, 12. Danach besetzen wir die Plätze 2, 5, 8, 11. Und schließlich noch die Plätze 1, 4, 7, 13. Jetzt ist auch unsere dritte Reihe vollständig.
Die Auslage der vierten Reihe beginnen wir bei Platz 4, dann folgen die Plätze 7, 9, 12. Danach besetzen wir die Plätze 3, 8, 11. Und schließlich besetzen wir die Plätze 1, 5, 9, 13.
Welch ein hübsches Bild! Unsere Riegen sind aufmarschiert, d. h. in der ersten senkrechten Reihe liegen alle Asse, in der zweiten Senkrechten alle Zweien usw., in der zwölften alle Damen, in der dreizehnten alle Könige.

Diese nette Spielerei hat sich irgendwann einmal ein mathematisch begabter Patiencenfreund ausgedacht, allen seinen »Nachfahren« zum Vergnügen!

Zwei Flügel

2 Spiele zu je 52 Blatt
Aus zwei gemischten Päckchen zu je zweiundfünfzig Karten werden die acht Könige herausgenommen und beiseite gelegt. Nun ziehen wir vom Talon vierzig Karten ab, legen zwanzig davon links als fünf Reihen zu je vier Karten offen aus, die übrigen zwanzig Karten rechts als fünf Reihen zu je vier Karten. Dabei auftauchende Asse werden sofort aus der Auslage genommen und zwischen die beiden Auslagen links und rechts offen ausgelegt. Die dadurch im Bild freigewordenen Plätze werden vom Talon wieder neu besetzt.
Ziel unserer Patience ist es, auf den Assen die Familien in echter Farbfolge steigend bis zu den Damen aufzubauen. Die abgelegten Könige, die als »Sperrkarten« den Fortgang der Patience stören würden, kommen dann zum Schluß, gleichsam als »Familienoberhäupter«, auf die Damen. Wie erreichen wir dies Ziel? Wir bauen echte Familien in fallender Folge an die Reihe links außen vom linken Flügel, an die Reihe rechts außen vom rechten Flügel. Beim Bau freiwerdende Karten sind nun ebenfalls »Außenkarten« und dürfen zum Bau mitverwendet werden. Es darf auch von links außen nach rechts außen übernommen werden bzw. umgekehrt. Beispiel: Rechts außen liegt etwa eine Karo-Neun, links außen eine Karo-Acht. Diese Acht darf nun hinübergelegt werden auf die Karo-Neun. Derart dürfen auch ganze Folgen umgelegt werden. Beispiel: Links außen liegen etwa Karo-Bube, Karo-Zehn, Karo-Neun. Rechts außen liegt eine Karo-Dame. Die Folge vom Karo-Buben bis zur Karo-Zehn darf hinübergenommen werden auf die Dame.
Immer dann, wenn Karten oder Kartenfolgen frei außen liegen, dürfen sie, falls möglich, steigend auf ihre Asse gebaut werden. Haben wir also etwa auf einem Karo-As bereits die Familie steigend gebaut bis zur Karo-Neun, dann darf die Folge Karo-Zehn bis Karo-Dame, die wir soeben von links nach rechts hin-

über gelegt haben, auf die Familie Karo-As bis Karo-Neun. Diese ist nun komplett bis auf den König, der ja noch mit den anderen Majestäten im »Abseits« liegt.
Wenn wir alle Möglichkeiten erschöpft haben, sehen unsere beiden »Flügel« sicherlich schon recht zerfranst aus, d. h. hier und da sind ihnen lange »Federn« gewachsen, in Form angelegter fallender Folgen, da und dort aber sind die »gerupft« durch Abbau. Wir nehmen nun unseren Talon durch, ziehen Karte für Karte ab und prüfen sie genau auf ihre Anbaumöglichkeiten. Die dabei erscheinenden Asse werden sogleich in die Mitte gelegt. Auf sie darf nun auch sofort gebaut werden, sofern dies möglich ist.
Machen wir's kurz: Zweimal darf der Talon durchgespielt werden, dann müssen die Flügel »ausgerupft« sein, alle Karten in ihren As-Familien untergebracht und die Könige als Krönung daraufgelegt worden sein. Diese Patience erfordert Aufmerksamkeit, oft hat man die Wahl zwischen mehreren Möglichkeiten.

Das Kolosseum

2 Spiele zu je 52 Blatt
Diese nicht allzu schwere Patience wird allen jenen viel Freude machen, die Spaß haben an einem besonders hübschen Bild.
Aus einem Spiel zu zweiundfünfzig Blatt nehmen wir die vier Asse heraus und legen sie nebeneinander oder paarweise untereinander offen in die Mitte unseres Spielfeldes. Über diese Asse legen wir die beiden roten Könige, unter die Asse die beiden schwarzen Könige. Und jetzt spielen wir unseren Talon durch, nachdem wir das eine Spiel, dem die Asse und Könige entnommen waren, mit einem vollständigen Spiel zu zweiundfünfzig Blatt gemischt haben. Wir verfahren dabei so, daß wir uns immer jede *dritte* abgezogene Karte ansehen. Ist sie anbaufähig, verwenden wir sie. Anbaufähig heißt: Auf die Asse bauen wir steigende unechte Familien, immer rot-schwarz, bzw. schwarz-rot im Wechsel. Auf die Könige aber bauen wir fallende Familien, ebenfalls rot-schwarz oder schwarz-rot im Wechsel. Ist so eine dritte Karte vom Talon ein König, wird er – falls rot – über die oben liegenden roten Könige gelegt. Ist er schwarz,

kommt er unter einen der unten liegenden schwarzen Könige. Diese neu ausgelegten Könige »spielen nun mit«, d. h. wir dürfen auch an sie fallend rot-schwarz oder schwarz-rot bauen. Die vom Talon abgezogenen Karten (Karte 1 und 2) legen wir offen als Ablagestapel unter unser Bild. Die jeweils oberste darf zum Bau mitverwendet werden. Wenn wir beim Bau einen Anschluß bekommen – in unserem Bild, das wir uns später ansehen wollen, ist ein solcher vorhanden –, so dürfen wir die steigenden As-Familien umbauen auf die fallenden Königsfamilien. Dadurch wird dann ein Platz für ein As frei, den wir dann besetzen, wenn eine unserer jeweils dritten Karten vom Talon ein As ist (oder die oberste vom offenen Ablagestapel). Auch dies As, durch das unsere As-Reihe wieder auf vier Asse ergänzt wurde, spielt nun mit.

Wenn wir unsere fallenden Königsfamilien immer hübsch halbkreisförmig bauen, müssen wir am Ende, sofern die Patience aufgeht, oben und unten je zwei Halbkreise übereinander haben, die allesamt mit einem König beginnen und mit einem As enden. Die Karten des Talons müssen dann verbraucht sein, die Asse sämtlich vom Tisch!

Um dies zu erreichen, dürfen wir unseren Talon dreimal bis höchstens viermal durchspielen (immer die dritte abgezogene Karte zum Bau verwenden, falls möglich). Bei der ersten Durchnahme erreichen wir meist noch nicht viel, aber in dem Maße, wie der Talon kleiner wird, dem nach Durchspielen der Ablagestapel natürlich wieder beigegeben wird, ergeben sich mehr Möglichkeiten. Klappt es beim dritten Mal noch nicht, geht es – wenn wir Glück haben und nichts übersahen – mitunter wie geölt. *Sehr* oft geht die Patience freilich *nicht* auf!

Aber wir wollen nun unser Bild betrachten. Es stellt die Spielsituation dar, wie sie sich bei uns nach der ersten Durchnahme des Talons ergab. Ein sehr günstiges Ergebnis, wie wir zugeben müssen. Meist schafft man's bei dieser ersten Durchnahme nicht so weit.

Wir haben hier einen Anschluß zur Karo-König-Reihe. Diese ist fortgeschritten bis zur Karo-Neun. Den Anschluß bildet die Pik-Acht der steigend gebauten Reihe, die mit dem Karo-As beginnt. Diese wird nun hübsch halbkreisförmig abgebaut auf die Karo-Neun. *Eine* gemischte Familie ist also komplett. Und einen

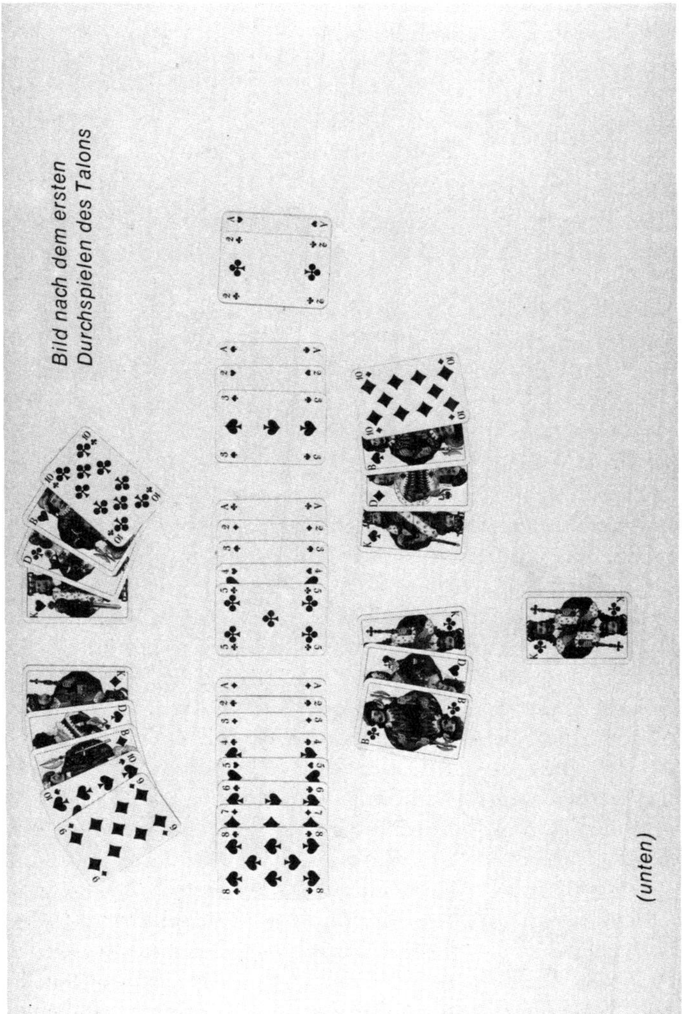
Bild nach dem ersten
Durchspielen des Talons
(unten)

Freiplatz für ein neu auftauchendes As beim Durchspielen des Talons haben wir auch gewonnen.
Fertig gebaute Halbkreise nehmen wir aber *nicht* aus dem Bild; denn wir wollen uns ja den hübschen Anblick der acht Halbkreise nicht entgehen lassen, die sich – wenn wir geschickt bauen – zu zwei großen Doppelkreisen schließen, also dem römischen Kolosseum wirklich ähnlich sehen.

Fürst Bismarck

2 Spiele zu je 52 Blatt
Hier haben wir es mit einer außerordentlich komplizierten Patience zu tun, die aber gerade deswegen für Kenner sehr reizvoll ist.
Viel Platz wird für diese Patience gebraucht, also: bereits vor Spielbeginn eine respektable Tischfläche freimachen!
Wir spielen mit einhundertundvier Karten, die wir gut mischen und zum Talon vereinigen. Wir ziehen die obersten zwölf Karten vom verdeckten Talon ab und legen sie – wie es die Bildtafel der ersten Auslage (S. 88) zeigt – aus. Wir legen im Uhrzeigersinn aus, also von links nach rechts, mit dem Kreuz-König, oben links beginnend, über Herz-Zehn, Karo-Sieben bis zum Karo-Buben. Jetzt prüfen wir unser Bild auf darin enthaltene Asse und (oder) Könige. Könige – immer nur *einer* von jeder Farbe – kommen in die Senkrechte links, Asse – ebenfalls immer nur *eines* von jeder Farbe – kommen in die Senkrechte rechts. Wir haben in unserem Bild zwei Kreuz-Könige; einen legen wir also zuoberst in die linke Senkrechte, der andere Kreuz-König bleibt im Bild liegen. Ferner ist da noch ein Pik-As, das oben rechts in die Senkrechte kommt. Die dadurch frei gewordenen Plätze im Bild werden sofort vom Talon her wieder besetzt. Sollten sich im Bild noch Anschlußkarten befinden, werden diese auch gleich aufgelegt und durch neue Karten vom Talon ersetzt. Anschlußkarten wären: auf Könige die farbechten Damen, Buben, Zehnen und so fort. Auf Asse die farbechten Zweien, Dreien und so fort. Wir sehen also bereits, worin unsere Aufgabe besteht: Es sollen acht Familien farbecht gebaut werden, auf den Königen fallend, so daß diese Familien dann je mit dem farbechten As

enden; auf den Assen steigend, so daß diese Familien dann je mit ihrem farbechten König enden.
Sind die entstandenen Freiplätze vom Talon besetzt, kommt die »zweite Runde«. Über jede Karte legen wir schuppenförmig – wieder links oben beginnend und im Uhrzeigersinn – je eine neue Karte vom Talon. Ist die Runde beendet, prüfen wir, ob weitere Asse und Könige bzw. farbecht passende Anschlußkarten erschienen sind. Wenn ja, legen wir sie auf ihren Platz in der Bildmitte. Dann ersetzen wir die Plätze, von denen wir sie nahmen, durch je eine neue Karte vom Talon. Sind hierbei wieder passende Karten für die Auslage in der Bildmitte, kommen auch sie dorthin. Die Plätze werden neu vom Talon besetzt. Geht nichts mehr, legen wir – wie oben – die »dritte Runde« aus.
Jetzt sehen wir uns die zweite Bildtafel (Seite 89) an, die das bis hierher gediehene Bild zeigt. Was kann angelegt werden? Kreuz-Zwei auf Kreuz-As, Karo-Zehn auf Karo-Bube. Aber der oben außen frei liegende Herz-König findet keine Verwendung; denn alle Könige der vier verschiedenen Farben liegen ja bereits in der Bildmitte. Die beiden Freiplätze, die durch Wegnahme von Kreuz-Zwei und Karo-Zehn entstanden sind, werden sofort vom Talon her neu besetzt. Sollte wieder eine aufbaufähige dabei sein, kommt auch sie sogleich in die Bildmitte und wird wiederum durch eine neue Karte vom Talon besetzt.
So fahren wir fort, bis unser Talon aufgebraucht ist. Neunundvierzig Karten liegen nach der »dritten Runde« im Bild, fünfundfünfzig Karten also haben wir noch im Talon. Nachdem auch diese fünfundfünfzig Karten auf dem Tisch untergebracht sind, geht das Spiel erst richtig los!
Jetzt nämlich bauen wir über den jeweils obersten – also freien – Karten passende Karten an, die ebenfalls freiliegen, entweder oben an den beiden Reihen über den beiden Mittelsenkrechten, seitlich rechts an rechten Senkrechten, unter den beiden Reihen unter den beiden Mittelsenkrechten, links an den Reihen neben den Mittelsenkrechten links. Wir müssen farbecht bauen, also Herz an Herz, Pik an Pik und so fort. Aber wir dürfen fallend *oder* steigend bauen. Ist da also eine Folge entstanden, die Karo-Zehn, Karo-Neun, Karo-Acht und Karo-Sieben zeigt, darf daran wieder – steigend – Karo-Acht, Karo-Neun gebaut wer-

Fürst Bismarck

Bild nach der ersten Auslage

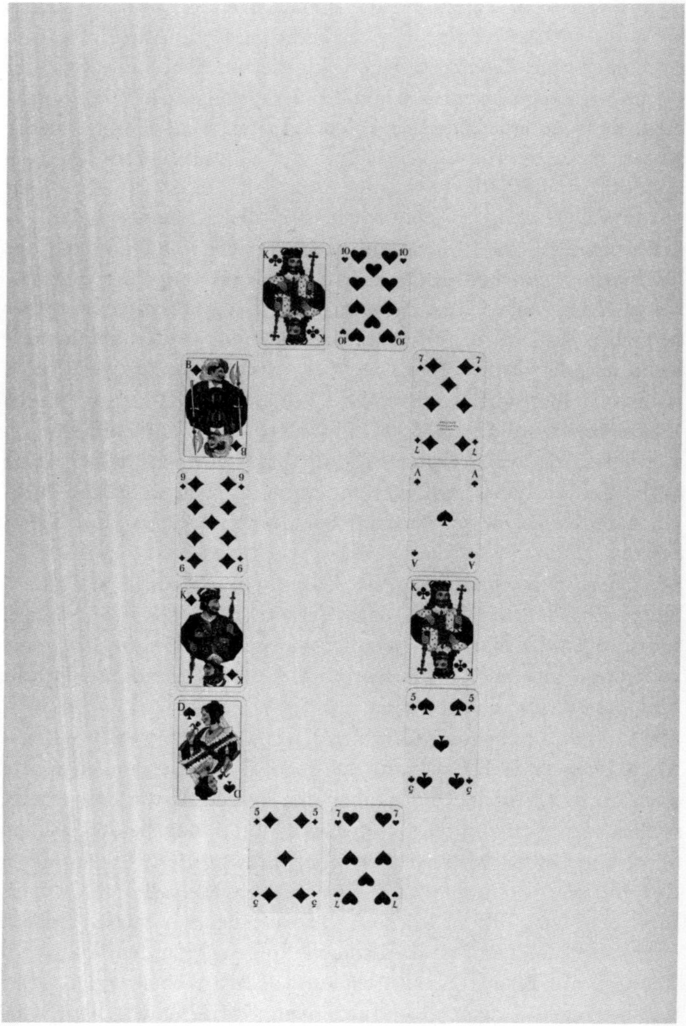

Fürst Bismarck

2. Auslage

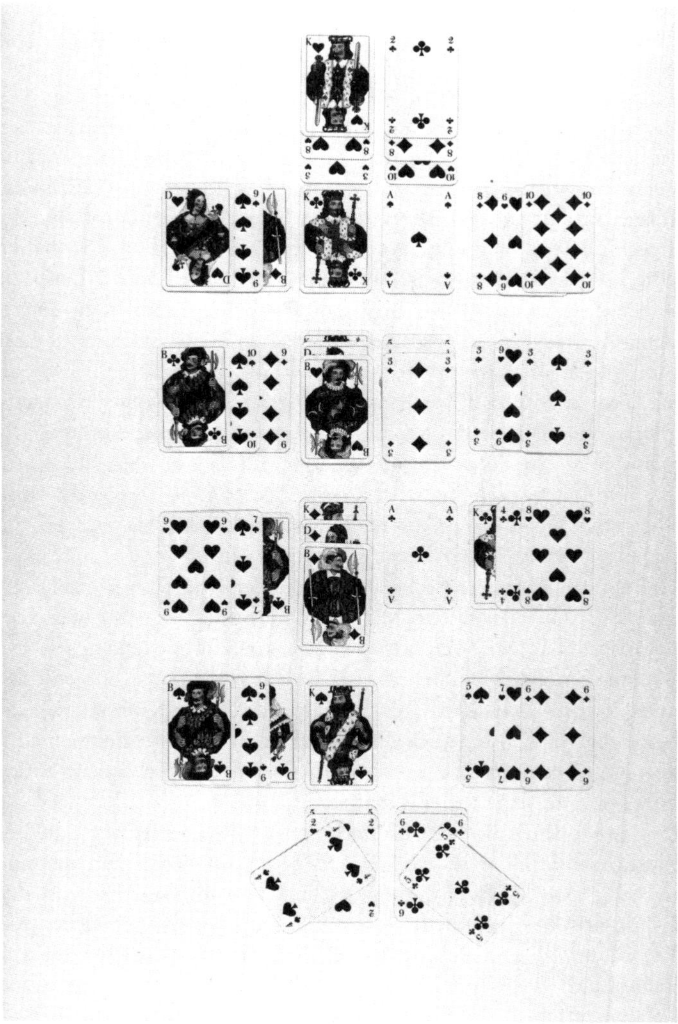

den und daran auch wieder fallend. Falls die Karo-Reihe also bis zum Karo-Buben gediehen ist, könnte wieder eine Karo-Neun angebaut werden. Dies letzte Beispiel »hinkt« allerdings, denn es wäre nur theoretisch möglich. In der Praxis haben wir ja nur zwei Karo-Neunen. Irgendwann also muß der Wechsel zwischen steigend und fallend stocken.

Selbstverständlich dürfen wir Anschlußkarten für unsere farbechten Familien in der Bildmitte sofort anbauen, wenn sie auftauchen, immer auf Könige fallend, auf Asse steigend! Der Bau der echten Familien hat immer Vorrang, denn sie fertigzustellen ist ja unser Ziel. Folgen aber dürfen auch untereinander ausgetauscht werden; nicht *ganze* Folgen, sondern nur Teilfolgen, sofern sich an einer anderen, der Farbe entsprechenden Folge die Anschlußkarte befindet. Auch hierfür ein Beispiel: Wir haben eine Folge, die von Kreuz-Bube bis Kreuz-Vier reicht. Und wir haben eine zweite, die von Kreuz-Zehn bis Kreuz-Acht reicht. Zum Aufbau auf eine unserer Kreuz-Familien (As-Familie oder Königs-Familie) brauchen wir aber eine Kreuz-Neun. Um an sie heranzukommen, bauen wir – wenn möglich – unsere zweite Folge weiter fallend, bis zur Kreuz-Drei. Dann können wir von der ersten Folge die Kreuz-Vier, die ja nun Anschlußkarte ist, hinübernehmen auf die Kreuz-Drei und – steigend – alle übrigen Karten dieser ersten Folge aufpacken, bis wir an die begehrte Kreuz-Neun herangekommen sind.

Gelingt es uns, ganze Reihen wegzuspielen, so daß wir also Freiplätze direkt neben der Mittelauslage erhalten, sind wir fein heraus. Auf solche Freiplätze dürfen wir nämlich legen, was wir wollen. Einzelkarten, die uns hinderlich sind, ganze Folgen oder auch Folgen »verkehrt«, d. h. steigende fallend umbauen, fallende steigend, oder auch Teile solcher Folgen wegnehmen und auf den Freiplatz legen, wiederum entweder in einem Stück oder steigend bzw. fallend umgebaut.

Und schließlich dürfen wir auch innerhalb unserer im Bau befindlichen Familien Umgruppierungen vornehmen, um an eine wichtige Anschlußkarte zu gelangen. Wir dürfen also von der Königsfamilie, nunmehr steigend, auf ihre farbgleiche As-Familie hinüberbauen und umgekehrt. Wir dürfen aber auf gar keinen Fall von einmal begonnenen Familien ab- oder aufbauen auf Folgen!

Geht nun rein gar nichts mehr, unserer Aufmerksamkeit und unserem taktischen Geschick zum Trotz, nehmen wir unsere gesamte Auslage um die Bildmitte herum ein. Wir beginnen wieder oben links, schieben die dort liegenden Karten zu einem Päckchen zusammen, darunter kommt das nächste zusammengeschobene Päckchen, immer im Uhrzeigersinne, bis wir auch das allerletzte Päckchen zusammengeschoben und unters vorletzte gelegt haben. Jetzt halten wir den ganzen Talon also offen in der Hand. Wir drehen ihn um, so daß er verdeckt ist, und legen wieder aus, Karte für Karte, oben links beginnend und im Uhrzeigersinn fortfahrend. Alle dabei erscheinenden aufbaufähigen Karten für unsere Familien, die natürlich unangetastet in der Bildmitte liegen blieben, legen wir sofort auf ihren Platz und ersetzen derart weggenommene sofort durch eine neue Karte vom Talon. Liegen nun wieder alle Karten da, darf wie oben geschildert verfahren werden, also wieder Folgen auf- oder abbauen, passende Karten, die dabei frei werden, auf ihre Familien, Freiplätze nach Belieben neu besetzen. Jetzt muß die Patience aber aufgehen. Mehr als zweimal darf der Talon nicht durchgespielt werden!
Will die Patience bei Ihren ersten Versuchen nicht aufgehen, lassen Sie sich nicht entmutigen. Zu diesem Spiel, das gar nicht selten aufgeht, gehört soviel Strategie und Routine, wie sie sich erst durch Übung erreichen lassen.

Genesungspatience

1 Spiel zu 52 Blatt
Ihren Namen haben *wir* ihr gegeben; es kann also sein, daß sie Ihnen unter einer anderen Bezeichnung bekannt ist, die wir wiederum nicht kennen. Wir finden »Genesungspatience« passend, weil sie sich vortrefflich eignet für Rekonvaleszenten, die wider ihren Willen das Bett hüten müssen und sich langweilen. Die Patience ist einfach, ihre Spielregeln betreffend, aber langwierig und bis zu den letzten drei Karten – sofern wir überhaupt so weit kommen – sehr spannend. Sie kann nämlich auch *dann* noch scheitern, wenn wir am Ende wirklich nur noch drei Karten in der Hand haben.

Von einem Spiel zu zweiundfünfzig Blatt wird immer jede dritte Karte umgedreht. Geraten wir dabei an einen König, wird er ausgelegt. Über den Königen werden die Asse ausgelegt, aber immer erst *dann,* wenn zu einem erscheinenden As bereits der König in gleicher Farbe daliegt. Auf die Asse bauen wir farbecht steigend, auf die Könige farbecht fallend. Wie gesagt – immer nur jede dritte Karte darf benutzt werden. Alle abgezogenen Karten des Talons werden zwar offen als Stapel ausgelegt, dürfen aber nicht mehr mitbenutzt werden zum Bau. Liegt da also eine Kreuz-Dame oben offen auf dem Ablagestapel und ziehen wir als dritte Karte vom Talon den Kreuz-König, kommt der zwar auf den Tisch, nicht aber darf die Dame angelegt werden.

Nicht immer wird die dritte Karte auch die letzte des Talons sein. Ist der Talon etwa bei der zweiten abgezogenen Karte verbraucht, drehen wir ihn um und die nun erste gezogene Karte (also die ausgezählte dritte) ist – falls möglich – anbaufähig.

Weil die Asse ja erst ausgelegt werden dürfen, wenn die jeweils farblich zu ihnen passenden Könige bereits daliegen, haben wir manchmal schon eine lange Folge an die Könige gehängt, bevor überhaupt das As erscheint. Wann auch immer – irgendwann ziehen wir die jeweilige Anschlußkarte. Und dann kann die fallende Folge von den Königen auf die steigende Folge auf den Assen hinübergebaut werden. Eine komplette Familie bildet am Ende also ein Häufchen, mit As als Grundkarte, mit König als Endkarte.

Und jetzt sehen wir uns unsere Bildtafel an. Hier sind drei Familien komplett; wir brauchen also bloß noch hinüberzubauen von den Königsfolgen auf die As-Folgen. Der Herz-Familie aber fehlen noch die Drei, die Vier, die Fünf. »Na, da kann ja nun nichts mehr schiefgehen«, werden Sie meinen. Doch, es kann! Weil ja immer bloß die dritte Karte verwendet werden darf, und weil wir nur noch drei Karten haben, darf diese dritte Karte keine Vier sein! Drei läßt sich anlegen, Fünf läßt sich auch anlegen, Vier aber nicht. Da können wir unsere drei Restkarten hundertmal abziehen, an der Folge ändert sich nichts. Immer ist und bleibt die dritte Karte die unbrauchbare Vier!

Genesungspatience

Bild der Auslage, nachdem alle Karten ihren Platz gefunden haben, bis auf drei

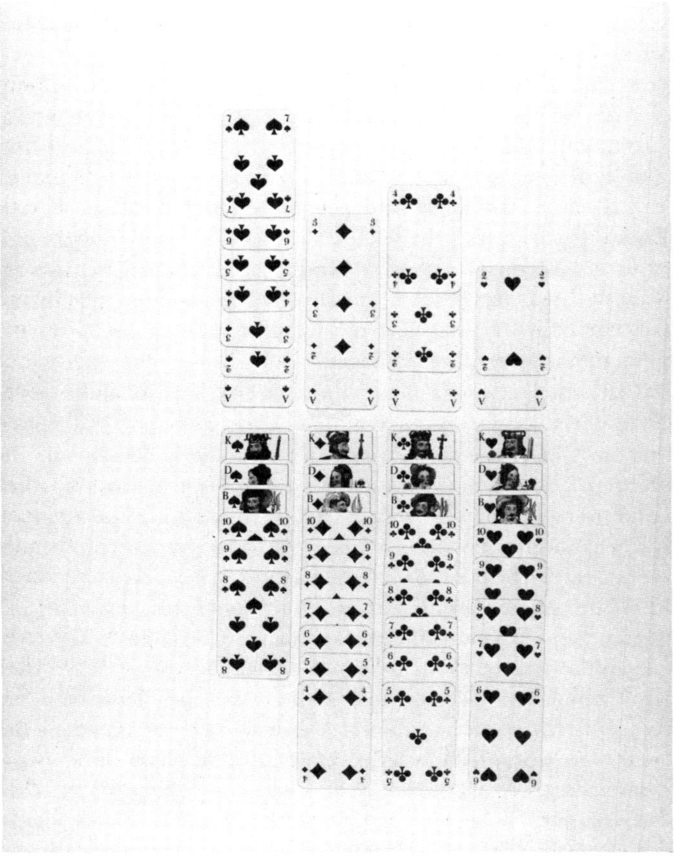

Spielkasino

1 Spiel zu 52 Blatt

Als Warnung – oder Ermunterung? – vorweg: Diese Patience geht ganz selten auf. Und daher hat sie auch ihren Namen; denn man erzählt, daß in einem Kasino hohe Prämien ausgesetzt wurden für den, der diese Patience unter Aufsicht legte, und dem es gelang, sie innerhalb einer Stunde zum Aufgehen zu bringen. Innerhalb einer Stunde läßt sie sich sehr oft legen; denn aus der Lage der Karten ersieht man schon bald, ob es sich überhaupt lohnt, sie weiterzuführen. (Daher rechnet sie zu den mittelschwierigen bis schwierigen Patiencen, wenn sie auch andererseits relativ leicht zu legen ist. Sie ist ein »Glücksspiel«.)
Von einem Spiel zu zweiundfünfzig Blatt werden fünfundzwanzig Karten abgezogen und in fünf offenen Reihen zu je fünf Karten ausgelegt. Liegen in den Senkrechten *oder* Waagerechten je zwei Karten gleichen Wertes (die Farbe spielt keine Rolle), so werden sie aus dem Bild genommen und durch neue vom Talon ersetzt. Das geht so fort, bis alle Karten in sechsundzwanzig »Pärchen« weggelegt sind. Liegen in einer Senk- oder Waagerechten *drei* Karten gleichen Wertes, nimmt man trotzdem nur zwei weg, hat aber die Wahl zwischen zwei mehr oder minder günstigen Entscheidungen.
Das ist schon alles! Es hört sich so einfach an, ist aber schwer durchführbar. Bitte, probieren Sie es selbst aus.
Um die Chancen einer Lösung zu vergrößern, dürfen wir die strengen Bestimmungen insofern lockern, als wir uns aufgeben: »Auch dann gilt die Patience als gelöst, wenn am Ende nur zwei Pärchen übrigbleiben, die *nicht* senk- oder waagerecht beieinander liegen.« Selbst dies gelingt relativ selten!
Schließlich kann man die Patience auch so spielen, daß man sich zur Aufgabe macht, senkrecht zueinander liegende, waagerecht zueinander liegende *und* diagonal zueinander liegende Pärchen herauszunehmen. Das ist nun schon wesentlich leichter, kann aber dadurch wieder erschwert werden, daß wir diagonal liegende Pärchen nur dann wegnehmen dürfen, wenn diese *direkt* beisammen sind, also keine anderswertigen Karten dazwischen sind. In den Senk- und Waagerechten hingegen ist es gleichgültig, ob zwischen zwei Karten gleichen Wertes andere liegen.

Also: In der linken Senkrechten liegt z. B. eine Fünf ganz oben, eine zweite Fünf liegt in der dritten Reihe von oben. Diese beiden Fünfen dürfen in jedem Fall eingenommen werden. Liegt in der zweiten Waagerechten an dritter Stelle ein Dame, in der dritten Waagerechten eine Dame an zweiter oder vierter Stelle, so ist das eine echte Diagonale. Die beiden Damen dürfen also – wenn wir überhaupt diagonal spielen – ebenfalls eingenommen werden. Liegt aber eine Dame in der zweiten Waagerechten an dritter Stelle, eine andere in der fünften an fünfter Stelle, dürfen diese Damen nicht eingenommen werden, weil die Diagonale ja durch irgendeine Karte in der vierten Reihe unterbrochen ist.
Wir wünschen Ihnen viel Glück, dessen Sie dringend bedürfen!

Die böse Sieben

4 Spiele zu je 32 Blatt
Die Patience hat ihren unfreundlichen Namen zu Recht. Sie ist zwar nicht sonderlich schwierig zu legen, erweist sich mitunter aber als recht heimtückisch.
Sie wird mit vier Spielen zu je zweiunddreißig Blatt gespielt; wir nehmen also aus zwei Patiencespielen zu je zweiundfünfzig Blatt alle Zweien, Dreien, Vieren, Fünfen und Sechsen heraus und legen sie weg, weil sie nicht mitspielen. Jetzt legen wir schuppenförmig vom Talon sieben Reihen zu je sieben Karten aus, erste Reihe offen, zweite verdeckt, dritte offen und so fort. Die siebente und letzte Reihe liegt also offen da. Unsere Aufgabe ist es, acht echte Familien zu bilden, die mit den Assen beginnen und den Königen enden. Weil wir alle Karten von Zwei bis Sechs aus dem Spiel nahmen, müssen wir also »springen«, d. h. auf die Asse kommen die Siebenen, darauf die Achten und so weiter.
Wir sehen uns nun unsere Auslage an. Wo Asse offen daliegen, ganz gleich, in welcher der Reihen, werden sie herausgenommen und durch neue Karten vom Talon ersetzt. Günstig ist es, wenn wir auf diese Weise gleich anfangs möglichst viele Asse frei bekommen, die wir über unserem Bild nebeneinander auslegen. Und nun prüfen wir das Bild auf unsere Möglichkeiten zum

Bau. Liegen in der untersten – offenen – Reihe Siebenen, kommen sie sofort auf ihre farblich zugehörigen Asse, falls diese bereits über dem Bild ausliegen. Dadurch freiwerdende Karten der nächsthöheren Reihe werden umgedreht und spielen nun – da unten aufliegend – mit. Wir bauen nun unten, soweit möglich, offen aufliegende Karten so aneinander, daß wir fallende Folgen schwarz-rot bzw. rot-schwarz im Wechsel erhalten. Erscheinen dabei passende, also auf die Asse baufähige Karten, werden sie sofort dorthin gepackt. As-Familien aber wohlgemerkt in *echter* und *steigender* Folge!

Wenn wir Glück haben, kommen wir auf diese Weise ganz gut voran, gelangen vielleicht hier und dort sogar bis hinauf in die oberste Reihe unserer Auslage.

Geht nun wirklich gar nichts mehr, wird das ganze Bild wieder eingenommen, während die As-Familien natürlich liegen bleiben! Jetzt legen wir wieder aus, aber nicht mehr sieben Reihen zu sieben Karten – unser Vorrat würde wohl so weit auch gar nicht mehr reichen –, sondern fünf Reihen zu sieben Karten. Sollte das Spiel schon sehr weit fortgeschritten sein, legen wir nur vier Reihen aus. Hoffentlich sind nicht noch Asse in den verdeckten Reihen versteckt! Bei dieser zweiten Auslage muß die Patience aufgehen.

Betrachten Sie die Darstellung unseres Bildes, wie dies unmittelbar nach der zweiten – also letzten – Auslage aussah.

Sechs Familien sind im Bau begriffen, es sind also noch zwei Asse in den verdeckten Karten der Auslage. Acht Karten zum Auslegen haben wir jetzt nur noch in der Hand, denn sechsundfünfzig Karten liegen aus (35 im Bild, die restlichen in den As-Familien). Jetzt also müßte die Patience aufgehen. Sehen wir also gemeinsam zu, ob und was zu bauen ist.

Auf den Kreuz-Buben kommt die Kreuz-Dame, wodurch wieder ein Platz in der Auslage frei wird durch Umwenden der unter Kreuz-Dame verdeckten Karte. Zur Vollendung der Kreuz-Familie fehlt uns also nur noch der Kreuz-König. Auf die Kreuz-Sieben der anderen Kreuz-Familie kommt die Kreuz-Acht; wieder haben wir einen Platz frei bekommen und können nun die Karte umdrehen, die unter der Kreuz-Acht frei wurde. Die Herz-Zehn kommt fallend auf den Kreuz-Buben *oder* auf die Herz-Neun unserer bis zur Herz-Acht fertig-

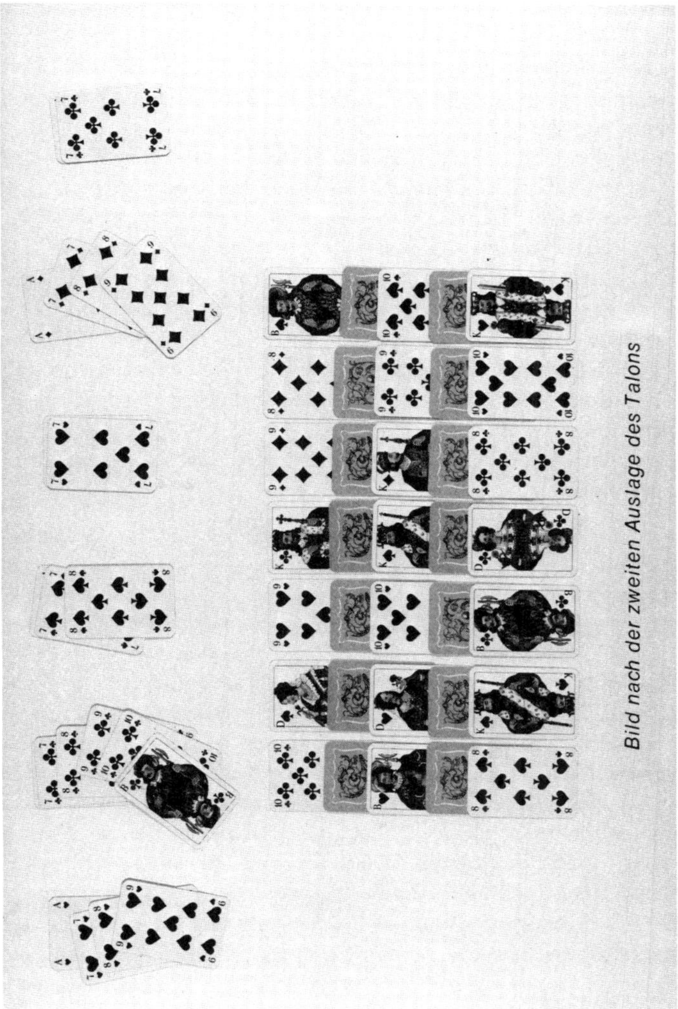

Bild nach der zweiten Auslage des Talons

gestellten Herz-Familie. Ob wir an die Familien anbauen oder fallend schwarz-rot, rot-schwarz unten ans Bild, das muß von Fall zu Fall entschieden werden. Bei mehreren Möglichkeiten wählen wir stets diejenige, die uns zum Fortgang unserer Patience gerade dienlich erscheint.

Wie diese Patience endet, bleibt ungewiß, denn wir wissen ja nicht, welche Karten frei werden und ob der Aufbau glatt vorankommt. Sehr wahrscheinlich ist es freilich nicht, daß diese Patience aufgeht, denn wir kamen bei der ersten Auslage nicht sehr weit voran.

Zu bemerken ist noch dies: Haben wir bei der ersten Auslage so gute Fortschritte gemacht, daß uns nur noch beispielsweise zweiunddreißig Karten im Talon übriggeblieben sind, dann können wir nur noch vier Reihen zu je sieben Karten auslegen und behalten danach vier Handkarten übrig, die *wir* anlegen, wenn gar nichts anderes mehr geht. Legen wir nun nur noch *vier* Reihen aus, oder in einem ganz günstigen Fall sogar nur noch zwei, müssen wir mit einer verdeckten Reihe beginnen, weil andernfalls ja unsere unterste Reihe verdeckt wäre, was natürlich nicht sein darf.

Und nun wollen wir hoffen, daß Ihre »Böse Sieben« sich als eine gute erweist und aufgeht!

Vier Ecken

1 Spiel zu 52 Blatt

Aus einem Spiel zu zweiundfünfzig Blatt entfernen wir alle Zweien, Dreien, Vieren und Fünfen. Sie werden beiseite gelegt und spielen nicht mit. Jetzt markieren wir uns auf unserem Spielfeld ein Viereck mit etwa 30 cm Seitenlänge. Vom Talon ziehen wir Karte für Karte ab. Die erste kommt offen in die Ecke oben links, gleichviel, welcher Farbe und welchen Wertes sie ist. Die Ecke rechts oben wird mit der zuerst gezogenen Karte einer *anderen* Farbe besetzt, egal, welche das nun ist. In die Ecke rechts unten kommt die erstgezogene Karte der dritten Farbe, in die Ecke links unten die erste, die beim Abziehen vom Talon in der vierten Farbe erscheint. Die »Zwischenkarten«, d. h. die nicht in die vier Ecken passenden Karten, legen wir

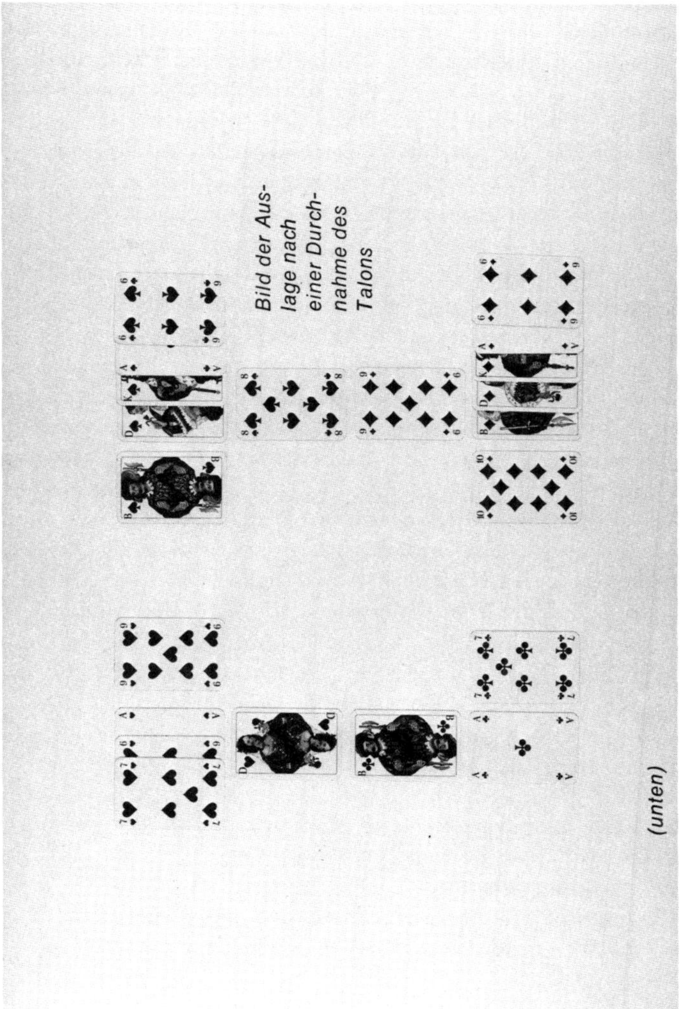

Bild der Auslage nach einer Durchnahme des Talons

(unten)

– wie es unsere Bildtafel zeigt – vom Talon her folgendermaßen aus: die Eckkarten sind Herz-As, Pik-Dame, Karo-Bube und Kreuz-As. Unter und rechts neben die Herz-Eckkarte darf je eine Herz-Karte gelegt werden, wie sie beim Abziehen des Talons erscheint. Unter und links neben die Pik-Eckkarte ebenso, und so auch bei Karo und Kreuz. Erscheint aber eine Anschlußkarte, die wir zur Erfüllung unserer Aufgabe, dem Bau farbechter Familien auf den Grundkarten brauchen, wird sie sofort auf die Grundkarte gelegt bzw. auf die Karte der bereits im Bau befindlichen Familie, an die sie sich anschließt. Der dadurch im Bild entstandene Freiplatz wird vom Talon her wieder neu besetzt. Aber – auf Herzplätze nur Herzkarte, auf Pikplätze nur Pik und so fort! Nicht verwendbare Karten kommen offen auf den Ablagestapel. Wenn eine Familie vollendet ist, bleiben ihre beiden Plätze, unter und neben der Grundkarte endgültig frei! Auf die Familien dürfen also gepackt werden: Anschlußkarten aus dem Bild, Anschlußkarten vom Talon, Anschlußkarten vom Ablagestapel (hier die jeweils obenauf liegende). Freiplätze dürfen nur mit Karten besetzt werden, die farblich zur Grundkarte passen, mit der sie einen rechten Winkel bilden, bzw. zu der auf der Grundkarte wachsenden Familie.

Wir müssen nun scharf aufpassen. Weil die Familien ja nicht alle mit der gleichen Grundkarte beginnen, ist auch die Aufbaufolge verschieden. Und weil wir die Karten von der Zwei bis einschließlich zur Fünf entfernen, »springt« unsere Familie, und zwar vom As zur Sechs. Wir sehen auch dies auf unserer Bildtafel: Herz-Familie beginnt mit As. Und da ist auch sofort der »Sprung« zur Sechs. Wenn diese Familie komplett ist, muß sie also mit dem König enden. Bei Pik ist die Grundkarte eine Dame. Auch hier sehen wir schon den »Sprung«. Wir haben nämlich ganz regelrecht gebaut: Dame, König, As, Sechs. Die als letzte aufzulegende Karte ist in diesem Fall also der Bube. Prüfen wir unser Bild nun noch auf eventuelle Anschlußkarten. Es sind keine vorhanden.

Wir nehmen den Ablagestapel ein, der nun wieder zum Talon wird. Wir spielen ihn wiederum durch. Jetzt aber muß die Patience aufgehen!

Das Windrad

2 Spiele zu je 52 Blatt
Für diese hochinteressante Patience, die sehr viel Nachdenken und strategische Vorausplanung erfordert, brauchen wir zwei Spiele zu je zweiundfünfzig Blatt. Von diesen, zum Talon vereinigt, ziehen wir die zwölf obersten Karten ab und legen sie schuppenförmig in einer senkrechten Reihe aus. Und dies ist unser Bild, das sich aber von anderen seiner Art dadurch unterscheidet, daß es so schnell wie möglich abgebaut werden muß. Angelegt werden darf nichts! Sind in diesem Bild Asse vorhanden, werden sie *nicht herausgenommen,* sondern bleiben liegen, bis sie – als unterste Karte – frei geworden sind.
Und nun wird der Talon abgezogen und in Viererreihen ausgelegt. Weil er nur ein einziges Mal durchgespielt werden darf, kann jeweils *eine* nicht recht verwendbare Karte offen nebenbei ausgelegt werden, die beim Fortschreiten der Patience dann ihre Verwendung finden wird und nun wiederum durch *eine* nicht verwendbare Karte ersetzt werden darf. Alle übrigen Karten müssen ihren Platz in dieser oder jener der vier senkrechten Reihen finden, die wir ganz *nach Belieben* bauen dürfen, ja sollen. Nicht also: erste Waagerechte vier Karten, zweite Waagerechte vier Karten und so fort. Statt dessen jede Karte vor dem Auslegen genau prüfen und sie dann dorthin legen, wo wir die größten Chancen haben, sie bald wieder wegnehmen zu können, und zwar entweder fallend an eine unten frei liegende Karte unserer Reihen oder aber auf die Asse. Diese werden, wie sie vom Talon abgezogen werden, sofort als Grundkarten ausgelegt, und zwar in der hübschen Form eines Windrades oder einer Kinderwindmühle, wie Sie dies auf der Bildtafel sehen. Fünf Asse sind bereits ausgelegt, drei also müssen sich noch im Talon befinden, denn im »Bild«, unserer zuerst ausgelegten Zwölfer-Senkrechten, befindet sich kein As.
Ganze Folgen dürfen in den Viererreihen nicht umgelegt werden, sondern immer nur die jeweils unterste Karte. Es kommt weder beim Aufbau auf den Assen noch beim Bau der Folgen auf die Farben an. Auf ein Herz-As darf also eine Pik-Zwei gepackt werden, eine Kreuz-Drei, eine Pik-Vier und so fort bis zum König. Und auch unsere fallenden Folgen brauchen nicht

farbecht zu sein. Wichtig ist zweierlei: das Wegräumen der Könige, möglichst ganz nach oben in die Viererwaagerechte, weil sie ja an jedem anderen Platz den An- und Abbau blokkieren. (Als alleroberste Karte der farbunechten As-Familien finden sie ja auch erst zuallerletzt Verwendung, und fallend können sie an keine Folge gebaut werden, weil hinter ihnen »nichts mehr kommt«.) Und zweitens muß der Abbau unseres Bildes, der Zwölfersenkrechten, weitestgehend vorangetrieben werden.

In der Zwölferreihe auf unserer Bildtafel befinden sich zwei Könige. Sie sind nur dadurch »unschädlich zu machen«, daß wir entweder den Bau einer As-Familie derart vorantreiben, daß so ein blockierender König als oberste Karte eine Familie vollendet und somit »aus dem Spiel« ist, oder daß wir uns durch Abbau in der obersten Viererreihe einen Freiplatz schaffen. Dorthin dürfen Könige gelegt werden. Sind also viele Könige in unserer Zwölferreihe, so tragen wir dem am besten dadurch Rechnung, daß wir nur drei Reihen legen, also einen Freiplatz haben für den König, der als erster beim Abbau der Zwölferreihe frei wird.

Wie bereits erwähnt, darf der Talon nur einmal durchgespielt werden. Geht die Patience nicht auf, ist sie als gescheitert anzusehen.

Und jetzt sehen wir uns unsere Bildtafel an. Unten an der Zwölferreihe liegt eine Zwei, die weggenommen werden muß und auf ein beliebiges As gepackt wird. Darunter haben wir eine Acht und eine Vier. Dem haben wir in weiser Vorausschau beim Bau unserer Vierrerreihen Rechnung getragen. Wir durften unbesorgt eine Drei auf eine Neun legen, denn die Drei kommt ja weg, als Folgekarte auf As, Zwei. Und dann kann auch die Acht (Zwölferreihe unter der Zwei) weggezaubert werden. Sie wird nämlich auf der Neun abgelegt, die durch Wegnahme der Drei frei wurde. Als wir eine Fünf vom Talon abzogen, legten wir sie als letzte Karte in unsere zweite waagerechte Viererreihe. An sie kommt nun die frei gewordene Vier aus unserer Zwölfersenkrechten. Und jetzt können wir weiter auf unsere As-Familie bauen, nämlich nach der Zwei und der Drei die Vier und die Fünf. Jetzt aber stockt der Abbau der Zwölferreihe, denn wir sind an einen König geraten. Wir müssen also

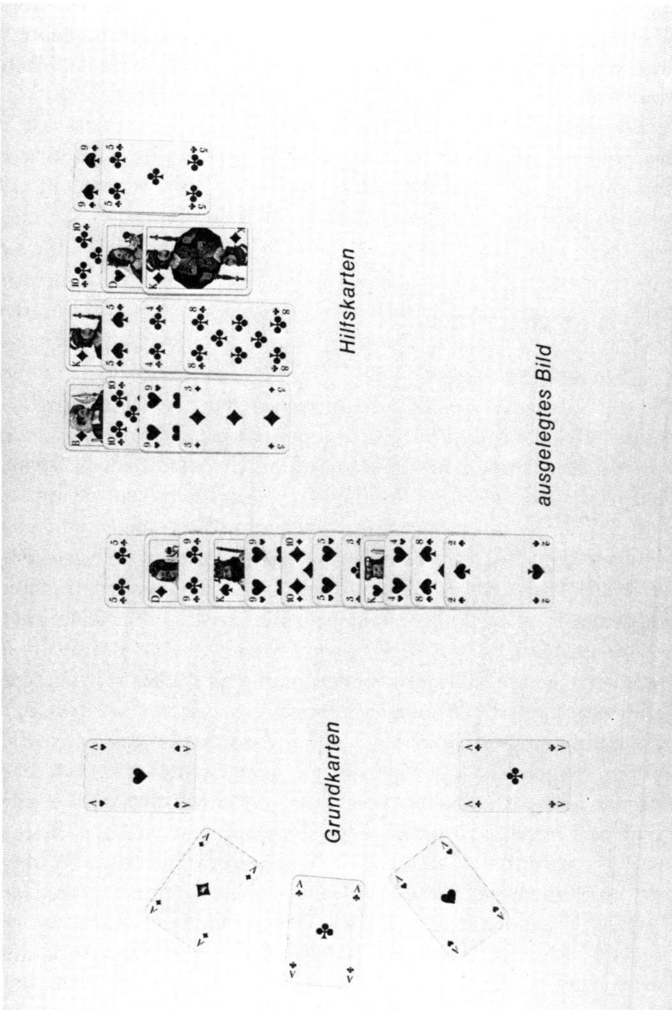
Hilfskarten
ausgelegtes Bild
Grundkarten

versuchen, so klug weiter auszulegen, daß wir eine Senkrechte der Viererreihen völlig auflösen können, um den lästigen König dort zu placieren.
Sie haben jetzt ganz gewiß begriffen, worauf es ankommt; und Sie sind sich klar darüber, daß diese Patience sehr viel komplizierter ist, als dies auf den ersten Blick den Anschein hat. Wenn es Ihnen beim ersten und zweiten Versuch nicht gelingt, nach einmaligem Durchspielen des Talons alle Karten so unterzubringen, daß am Ende ein komplettes »Windrad« daliegt, acht farbunechte Familien also, von den Assen bis zu den Königen – beim dritten Versuch wird es vermutlich schon klappen. Die Patience geht nämlich gar nicht so selten auf, wenn man nur erst den richtigen »Dreh« herausgefunden hat!

Der Flickenteppich

2 Spiele zu je 52 Blatt
104 gut gemischte Spielkarten brauchen wir für diese Patience, bei der viel erwogen und vorausgeplant werden muß, bevor wir uns für eine von mehreren Möglichkeiten entschließen. Schuppenförmig werden zehn Reihen zu zehn Karten ausgelegt, so daß ein bunter »Flickenteppich« entsteht. Zehn mal zehn gibt hundert. Vier Karten sind uns also übriggeblieben. Sie kommen unter die Auslage und stellen unseren »Keller« dar, einen echten und – wie sich im Spielverlauf erweisen wird – sehr nützlichen Vorratsraum!
Durch geschickte Manipulationen und mit Glück soll es uns gelingen, die Asse freizulegen und sie über oder neben dem Bild zu deponieren. Auf diese Asse sollen die acht Familien farbecht und in steigender Folge gebaut werden. Gelingt uns das, sind also am Ende alle Karten vom Tisch verschwunden und in acht Häufchen vereinigt, deren jedes dreizehn Karten enthält, mit dem As beginnt und mit dem König endet. Und wie erreichen wir das? Indem wir an die in der untersten Querreihe liegenden Karten Folgen bauen, und zwar rot-schwarz, schwarz-rot im Wechsel, fallend! Dadurch werden in der darüberliegenden Reihe Karten frei, die nun ebenfalls, wenn möglich, zum Bau verwendet werden. Kommen Asse frei, werden sie sofort aus-

Der Flickenteppich

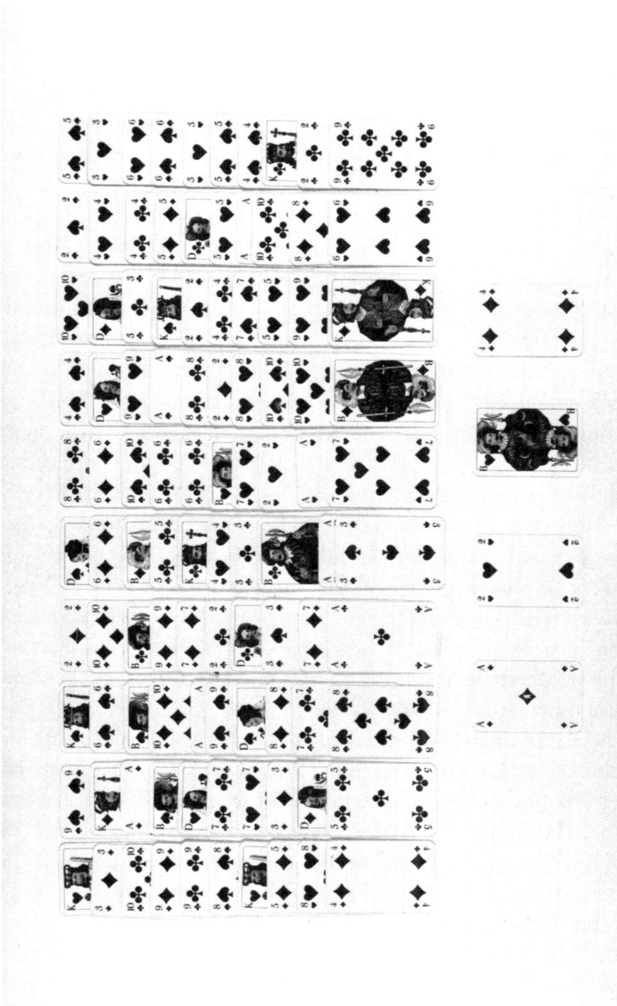

Der Keller

gelegt und auf ihnen wird farbgerecht Zwei, Drei, Vier ..... Dame, As gebaut.
Und was tun wir mit den Kellerkarten? Die bleiben liegen, sofern sie kein As enthalten, das sofort herausgenommen wird. Wir achten aber darauf, ob so eine Kellerkarte irgendwo und irgendwann zum Bau verwendet werden kann, entweder fallend auf die Rot-Schwarz- oder Schwarz-Rot-Folgen oder steigend (farbecht!) auf die Asse. Dann kriegen wir auch im Keller Plätze frei. Sie dürfen mit einer beliebigen Karte aus dem Bild belegt werden, gleichviel, *wo* diese Karte liegt. Hauptsache, es ist eine, die dem Fortgang der Patience hinderlich ist, eine also, die eine andere »baufähige« blockiert.
Wird eine Senkrechte durch Ab- bzw. Anbau völlig aufgelöst, dürfen wir auf den dadurch in der obersten Reihe entstandenen Freiplatz einen König legen, entweder einen allein, oder einen, an dem schon eine ganze Folge hängt. Dadurch wird dann wiederum irgendwo eine Karte frei. Und da gilt es, aufzupassen. Falls *zwei* Könige mit ihren Folgen auf den Freiplatz in der oberen Reihe gelegt werden könnten, geht man nicht blindlings vor, sondern wählt jenen, durch dessen Wegnahme sich neue Möglichkeiten ergeben. Da alle Karten zweimal vorhanden sind, haben wir oft auch hier die Wahl, z. B. zwischen zwei Pik-Achten, von denen eine fallend auf eine rote Neun gelegt werden darf oder steigend auf die Pik-Familie, die bereits bis zu einer Pik-Sieben gediehen ist. Auch bei solchen zwei Möglichkeiten wählen wir die jeweils günstigste, wobei wir auch alle noch in der Senkrechten »unfrei« darüber liegenden Karten betrachten, deren unterste der »Freiheit« ja durch Wegnahme einer untersten Karte näherrücken.
Sehen wir uns unser Bild an, wie es sich bei uns, ganz willkürlich gemischt und ausgelegt zeigte. Was wäre da zu machen? Ja, richtig: erstmal das As aus dem Keller weg. Und schon haben wir einen Freiplatz im Keller, den wir aber keinesfalls sofort willkürlich wieder besetzen, sondern den wir uns aufheben, bis eine Blockadekarte aus unserem Bild weg soll. Und da liegt in der untersten Reihe noch ein As frei, das auch sofort wegkommt. Unter ihm wird eine Karo-Sieben frei; sie kommt auf die Pik-Acht. Kreuz-Fünf kommt auf Herz-Sechs, Karo-Vier auf Kreuz-Fünf, so daß wir an der Herz-Sechs schon eine kleine

Folge haben. Und wir können sogar noch weiterbauen, nämlich die Pik-Drei an die Karo-Vier! Da ist nun schon wieder ein As frei geworden, das aus dem Bild genommen wird. Und unter der Herz-Sieben liegt auch ein As. Vielleicht hätten wir die Herz-Sieben lieber fallend an die Pik-Acht gebaut, statt der Karo-Sieben also? Das wäre in der Tat günstiger gewesen, denn auf das unter ihr frei werdende As (es ist ein Herz-As) wäre steigend, farbecht die Herz-Zwei aus dem »Keller« gekommen. Wir sehen also, wohin das führen kann, wenn wir einfach draufloslegen!

Einen Kellerplatz haben wir ja aber sowieso frei (weggenommenes As). Dorthin könnten wir den Karo-Buben packen, denn unter ihm wird dann eine Herz-Zehn frei, auf die die Kreuz-Neun (letzte Karte rechts unten) käme, sowie die dadurch frei werdende Kreuz-Zwei aufs bereits ausgelegte Kreuz-As.

Und jetzt lassen wir Sie allein mit diesem Bild. Sie können es nachlegen und selbständig weiterbauen. Ob die Patience aufgeht? Wir wissen es nicht. Es kommt sowohl auf Ihr Glück an, als auch auf Ihren Kartenverstand.

Sollte es sich einmal ergeben, daß rein gar nichts zu bauen geht, nachdem Bild und Kellerkarten ausgelegt sind, dann darf entweder die alleroberste Reihe gegen die unterste vertauscht werden, oder die unterste gegen die zweitunterste. Sollte dann immer noch nichts gehen, bleibt nichts weiter übrig, als das Bild einzunehmen, wieder zu mischen und es neu auszulegen. Das kommt aber äußerst selten vor. Uns ist es noch nie passiert, obwohl wir diesen »Flickenteppich« oft und gern legen.

Hahn im Korb

1 Spiel zu 52 Blatt

Diese Patience, auch unter dem Namen »Harem« bekannt, ist abhängig vom guten Willen der Damen. Wir werden das im Spielverlauf bald merken.

Aus einem Spiel zu zweiundfünfzig Blatt werden alle Könige und alle Asse herausgenommen. Pik-, Kreuz- und Karo-König werden weggelegt, sie spielen nicht mit. Der Herz-König kommt mitten auf den Tisch, um ihn herum werden die Asse ausgelegt (eines oben, eines unten, je eines an jeder Seite). Unser Ziel ist es, auf diesen Assen farbechte Familien aufzubauen, die mit ihren Damen enden, so daß sich schließlich alle vier Damen um ihren König gruppieren, der also »Hahn im Korb« ist oder auch »Sultan mit Harem«.

Vom verdeckten Talon ziehen wir Karte für Karte ab, die wir in einer Viererreihe waagerecht auslegen. Erscheint dabei eine Karte, die farbecht und steigend auf ein As gelegt werden kann, kommt sie sofort dorthin. Ihr Platz in der Reihe bleibt *frei*, d. h. daß die nächstgezogene Karte, falls nicht anbaufähig, *neben* den Platz der vor ihr angelegten Karte kommt. Schuppenförmig legen wir nun die nächste Viererreihe über die erste. Wieder werden passende Karten gleich auf ihre Familie gelegt; wieder bleiben deren Plätze in der Auslage frei. Alle unten (also an den Senkrechten) frei liegenden Karten spielen mit. Legten wir also eine Karo-Drei als erste Karte der zweiten Reihe aus, und erscheint als dritte Karte der zweiten Reihe die Karo-Zwei, wird Zwei *und* Drei auf ihre Familien gelegt. Auch der Platz, von dem wir die Drei wegnahmen, bleibt frei. So fahren wir fort, bis unser Talon aufgebraucht ist. Wir haben am Ende also vier Reihen, die – senkrecht betrachtet – durchaus nicht alle gleich viele Karten enthalten.

Jetzt wird die Auslage eingenommen, neu gemischt und wieder ausgelegt, wie oben beschrieben. Wir dürfen dann auch noch ein drittes Mal auslegen, dann aber muß unser »Hahn« im Korb sein. Alle Karten sind in ihren Familien, mit den Damen endend, untergebracht.

Sehen wir uns nun das Bild an, wie es sich bei uns ergab, nachdem wir die zweite Auslage vollendet hatten. Da kann nun noch die Pik-Sechs an die Pik-Fünf. Die Karo-Sieben kann an die Karo-Sechs. Und die darunter frei gewordene Karo-Acht kann an die Karo-Sieben. Weiter geht nichts mehr. Die zuletzt angelegten Damen blockieren den Ab- bzw. Aufbau der Karten.

Wegen der besseren Übersicht haben wir die Familien um den König schuppenförmig gebaut. Sie brauchen das natürlich nicht zu tun, sondern packen Karte auf Karte. Sie dürfen die Auslage einnehmen, mischen und zum dritten – also letzten – Male auslegen. Hoffentlich erweisen die Damen sich als »männerfreundlich«, blockieren also das Spiel nicht!

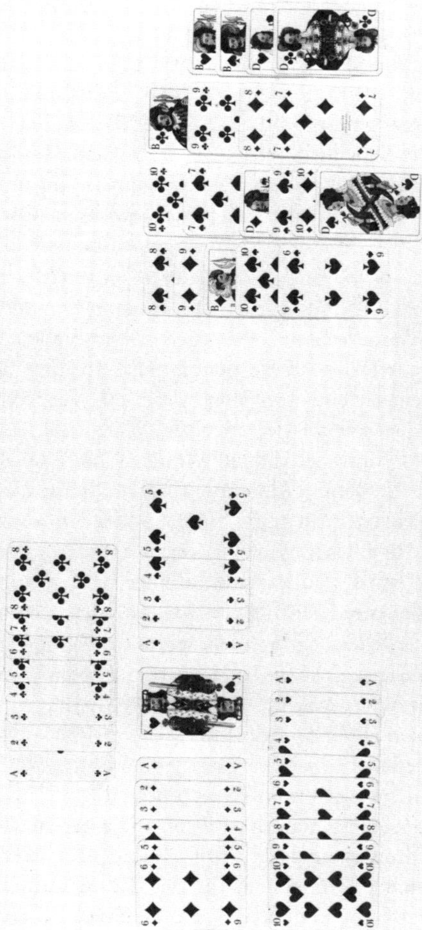

Bild nach der zweiten Auslage des Talons

Die Perserbrücke

1 Spiel zu 52 Blatt

Unsere Auslage hat nicht nur die Form einer Perserbrücke, sondern sie ist auch so hübsch bunt wie eine solche. Wir ziehen von einem gutgemischten Spiel zu zweiundfünfzig Blatt sechzehn Karten ab, die wir offen in vier Viererreihen auslegen. Und dann legen wir unseren restlichen Talon erst einmal beiseite, um unser Bild zu prüfen.

Es kommt bei der »Perserbrücke« darauf an, alle jene Kartenpaare aus dem Bild zu nehmen, die wertgemäß zusammen jeweils »14« ergeben (As = 1, ... usw. bis König = 13). Jetzt aber kommt die Schwierigkeit! Die zusammen »14« ergebenden Kartenpaare müssen nämlich entweder gemeinsam in einer senkrechten Reihe liegen oder in einer waagerechten. Ob unbrauchbare Karten dazwischen liegen, spielt jedoch keine Rolle.

Betrachten wir unsere Auslage auf der Bildtafel: In einer Senkrechten liegen As (1) und König (13), die herausgenommen werden. In einer Waagerechten liegen Sieben und Sieben. Auch diese beiden Karten werden herausgenommen. In der Senkrechten links außen liegen Zehn und Vier. Auch sie werden weggelegt. Schließlich finden wir in der zweiten Waagerechten von oben noch Neun und Fünf. Nachdem wir auch diese beiden Karten weggelegt haben, geht nichts mehr. (Die herausgenommenen Kartenpaare spielen nicht mehr mit; sie werden abseits gelegt.) Nun werden alle Lücken vom Talon wieder aufgefüllt, unsere »Perserbrücke« wird also geflickt. Wieder prüfen wir die Senkrechten und Waagerechten daraufhin, ob sich Paare finden, die zusammen 14 ergeben. So geht es weiter, so lange, bis wir ins Stocken geraten, weil nichts mehr geht. Diesen bedauerlichen Zustand haben wir erreicht, wenn unsere Auslage so aussieht, wie dies auf der zweiten Abbildung der Bildtafel der Fall ist (Bei Ihnen werden die Bilder ganz anders aussehen; Sie sehen hier nur das Beispiel *unserer* »Perserbrücke«.)

Wir dürfen nun jede Karte des Bildes mit einer neuen vom Talon besetzen. Dadurch ergeben sich vielleicht neue Möglichkeiten. Und so dürfen wir fortfahren, bis der Talon aufgebraucht ist. Durch Wegnahme übergedeckter Karten spielen die darunter frei gewordenen Karten des Bildes wieder mit. Unsere Patience ist

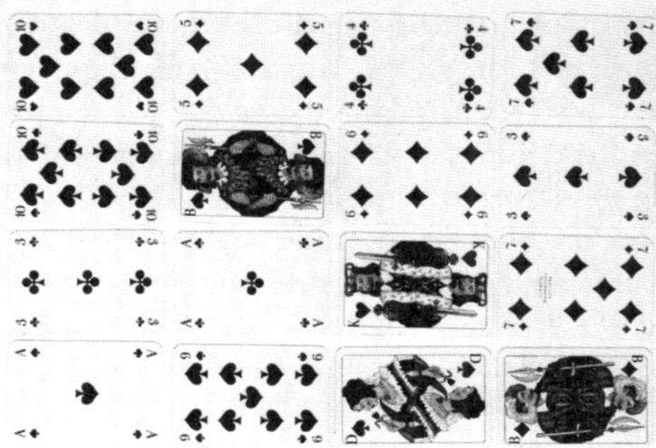

erste Auslage

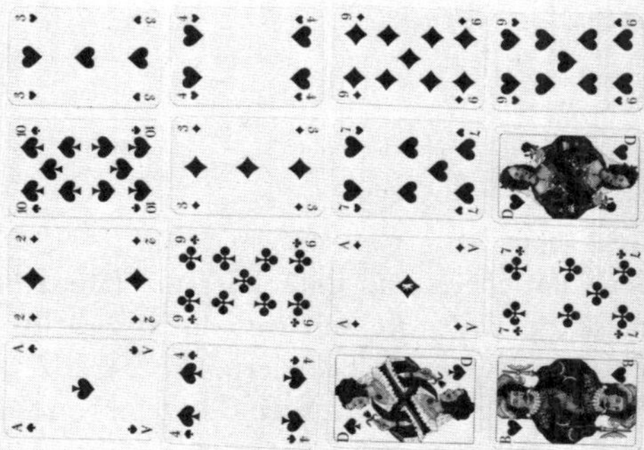

Auslage ohne weitere Möglichkeiten

aufgegangen, wenn sowohl Bild als Talon verschwunden sind und alle Karten als sechsundzwanzig Pärchen im »Abseits« liegen.
Die Patience trägt ihren Namen zweifach zu Recht. Sie sieht nämlich nicht nur aus wie eine Brücke, sondern sie ist auch so kostbar wie eine solche. Sie macht sich nämlich sehr rar, d. h.: sie geht fast nie auf! Das Gebot: Nur Paare aus den Senk- oder Waagerechten zu entnehmen, dürfen wir freilich nicht überschreiten. Dies ist also ein Geduldspiel für Unermüdliche, die ihr Heil immer wieder versuchen.

Die Treppe

1 Spiel zu 52 Blatt
Verschiedene Patiencen sind unter diesem Namen bekannt; wir haben jene ausgewählt, die zunächst durch ihre Einfachheit besticht und dann – durch ihre Schwierigkeit fasziniert.
Von zweiundfünfzig Karten werden fünfzehn Karten abgezogen, die so als »Treppe« ausgelegt werden, wie unsere Abbildung dies zeigt. Jetzt prüfen wir unser Bild. Befinden sich darin *drei* Karten des gleichen Wertes, so werden diese drei herausgenommen und rechts neben dem Bild ausgelegt. Sind aber nur zwei Karten gleichen Wertes im Bild, so werden diese beiden ausgelegt, als Grundkarten der farbecht steigend zu bauenden Familien. Haben wir aber mehrmals zwei Karten je gleichen Wertes, dürfen wir wählen. Wir nehmen dann die beiden Karten heraus zur Familiengründung, für die Anschlußkarten im Bild sind, die wir sogleich anlegen dürfen. Daß überhaupt keine zwei Karten gleichen Wertes im Bild liegen, kann nicht vorkommen, denn wir legten ja fünfzehn Karten aus; dreizehn Karten aber können nur verschiedene Werte aufweisen. Die durch Herausnahme der Karten entstandenen Plätze im Bild werden vom Talon sofort neu besetzt.
In unserem Bild (bitte, vergleichen Sie) liegen drei Zweien, die als Grundkarten der Familien herausgelegt werden. Die Familien müssen also in unserem Fall über die Dreien, Vieren, Fünfen . . . . . Damen, Könige bis zu den Assen gehen, mit diesen also enden. Und nun prüfen wir, wo etwas »gebaut« werden

Die Treppe

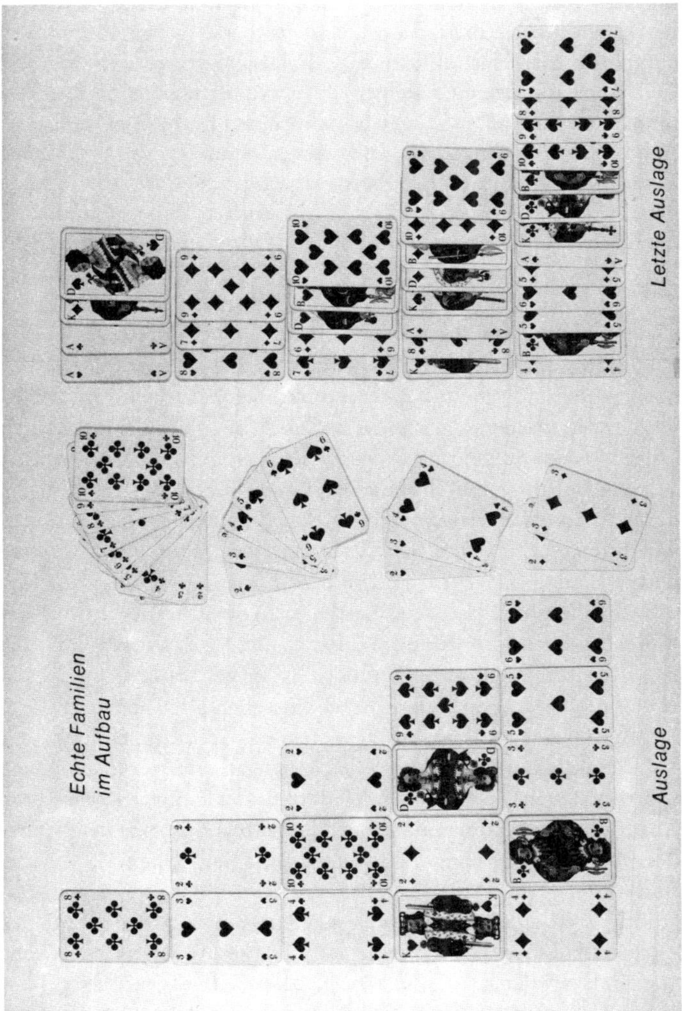

kann. Angelegt werden darf an die rechts außen liegenden »Treppenstufen«, und zwar *fallend* in ganz beliebiger Farbfolge, also egal, ob rot auf schwarz, schwarz auf rot, rot auf rot, schwarz auf schwarz. Dadurch entstehende Freiplätze werden vom Talon wieder gefüllt, aber immer nur so weit, daß in der obersten Reihe eine Karte liegt, in der zweiten Reihe zwei Karten liegen, in der dritten drei, und so fort. Ist eine Reihe ganz aufgelöst, darf hierhin auch eine Folge gelegt werden oder ein Teil einer solchen. Die Folgen dürfen auch untereinander vertauscht werden, d. h.: Liegt etwa in einer Reihe König, Dame, Bube, Zehn, Neun, Acht, in einer anderen Folge aber Bube, Zehn, Neun, Acht, Sieben, Sechs und brauchen wir die Acht in dieser Folge als Anschlußkarte zum Aufbau einer Familie, so dürfen wir sie dadurch freilegen, daß wir Sieben, Sechs auf die erstgenannte Folge packen.

Geht gar nichts mehr, ziehen wir Karte um Karte vom Talon ab, prüfen sie auf ihre Anbaufähigkeit und legen sie, falls nicht brauchbar, offen vor uns ab. So geht es nun immer weiter. Zuoberst offen daliegende Karten vom Ablagehäufchen dürfen mitverwendet werden, so daß – hoffentlich! – der Ablagehaufen immer wieder aufgelöst werden kann.

Wir sind also vollauf beschäftigt durch Umpacken der Folgen, durch Anlegen an diese, durch Aufbau der echten Familien, durch Auffüllen der im Bild entstehenden Freiplätze, durch Abbau unseres Ablagehäufchens und so fort. Unser Talon darf nur einmal durchgespielt werden. Lassen sich danach die Karten des Bildes und jene im Ablagehäufchen nicht folgerichtig auf den Familien aufbauen, ist die Patience leider gescheitert.

Und einen solchen bedauerlichen Fall stellen wir Ihnen auf unserer Bildtafel vor. Das Ablagehäufchen ist untergebracht, der Talon ist abgespielt, aber – wir können unsere Folgen umbauen wie wir wollen – an die zum Weiterbau der Familien benötigten Anschlußkarten kommen wir nicht heran! Diese wären: Kreuz-Bube, Pik-Sieben, Herz-Fünf und Karo-Vier. Sehen Sie sich das Bild der letzten Auslage selbst an: Die Anschlußkarten sind blockiert. Allen unseren Bemühungen zum Trotz ist die Patience gescheitert. Dies hätte vielleicht dadurch verhindert werden können, daß wir unsere Folgen nicht allzu eifrig drauflos gebaut hätten. Es besteht ja kein *Zwang* zum Bau der Folgen; oft ist es

günstiger, eine an eine Folge passende Karte zunächst aufs Ablagehäufchen zu packen, um die Blockade der demnächst benötigten Anschlußkarten zu verhindern. Dadurch allerdings wächst unser Ablagehäufchen bedenklich an. Wir befinden uns im Spielverlauf also öfter in einer Zwickmühle. Aber das werden Sie selbst merken, je öfter Sie diese Patience legen, deren Faszination sich kein echter Patience-Fan zu entziehen vermag.
Wir haben festgestellt, daß im Durchschnitt nur jede fünfte bis sechste »Treppe« aufgeht, und dies trotz aller Routine. Die Chancen sind also relativ gering. Aber gerade das macht diese Patience ja so reizvoll für jene, die das Risiko lieben.

Der kleine Napoleon

1 Spiel zu 52 Blatt

Dies ist eine sehr alte Patience, die von Generation zu Generation weitergegeben wurde. Dabei hat sie dann allerlei Abwandlungen erfahren, so daß es heute viele »Kleine Napoleons« gibt, die sich in diesem und jenem Zug deutlich voneinander unterscheiden. *Unser* »Kleiner Napoleon«, wie wir ihn hier vorstellen, erscheint uns der reizvollste von allen uns darüber hinaus noch bekannten zu sein.
Wir legen ein Spiel zu zweiundfünfzig Blatt aus, nachdem wir die oberste Karte vom Talon abzogen, die unsere »Grund- oder Bestimmungskarte« ist. D. h. sie wird sogleich in die Tischmitte gelegt, rechts und links von ihr legen wir je vier waagerechte Reihen zu je fünf Karten aus. Sobald eine der drei übrigen Grundkarten auftaucht, wird sie in der Senkrechten unter die zuerst ausgelegte Grundkarte gelegt. Darunter noch zwei Reihen zu je vier Karten. Diese letzten acht ausgelegten Karten sind unsere Hilfskarten.
Das Bild (S. 117) zeigt jetzt eine Senkrechte aus den 4 Grundkarten, rechts und links davon zwei spiegelgetreue Auslagen.
Es geht nun darum, auf unsere Grundkarten *echte* Familien zu bauen, und zwar steigend oder fallend, wie uns dies nach Prüfung unseres Bildes am günstigsten erscheint. Wir dürfen sogar *diese* Familie steigend bauen, *jene* aber fallend, also – um in unserem Bild zu bleiben – auf Herz-Sechs vielleicht steigend, Herz-

Sieben, Herz-Acht, Herz-Neun . . . . . Herz-König, Herz-As, Herz-Zwei . . . . Herz-Fünf. Die Herzfamilie muß also mit einer Fünf enden. Bauen wir auf Kreuz-Sechs, weil offenbar günstiger, nun fallend, so muß die Schlußkarte dieser Familie die Kreuz-Sieben sein.

Unsere Aufgabe: Alle Karten sollen weggespielt werden, so daß sie am Ende über den Grundkarten als echte Familien, steigend oder fallend, vereinigt sind. Gebaut werden darf erstens: direkt auf die Grundkarten, zweitens: rechts und links an die jeweils äußersten freien Karten unserer waagerechten Reihen, und auch nur von diesen auf die Grundkarten. Der Bau an die Reihen erfolgt farbecht, steigend oder fallend, wobei von steigend auf fallend gewechselt werden darf, von fallend auf steigend. Dies bedeutet in der Praxis: wir haben rechts außen vielleicht steigend gebaut: Herz-König, Herz-As, Herz-Zwei. Links oder rechts außen ist aber zugleich eine Folge entstanden: Herz-As, Herz-König, Herz-Dame. Hier nun dürfen wir umbauen, weil wir ja die Herz-Zwei als Anschlußkarte haben. Wann bauen wir um? Wenn wir dadurch an eine Karte herankommen, die uns zur Weiterführung des Spiels dienlich ist. Was wir aber *nicht* tun dürfen: Pik-Acht, Pik-Neun, Pik-Zehn umbauen auf Pik-Zehn, Pik-Bube, Pik-Dame . . . . ., denn da liegt auf jeder Folge als Schlußkarte eine Zehn, so daß beim Umbau Zehn auf Zehn käme. Und das ist verboten.

Wozu dienen unsere vier Hilfskarten rechts, vier Hilfskarten links? Sie dürfen zum Bau der Familien und zum Bau der Folgen mitverwendet werden. Weil wir aber keinen Talon haben, aus dem wir die weggenommenen Hilfskarten ersetzen könnten, bedienen wir uns der Hilfskarten möglichst nur dann, wenn die Patience anders gar nicht mehr weitergehen will. Jede Hilfskarte, die ins Bild eingereiht wurde, ist endgültig verloren.

Dafür aber haben wir einen »Keller«, d. h., daß wir auf den freien Platz unter unserer Senkrechten der Grundkarten eine Karte legen dürfen, ganz gleich, wo wir sie unserem Bild entnehmen. Natürlich gehen wir auch hier mit Überlegung vor, wählen also nur so eine Kellerkarte, die irgendwo den Fortgang des Spiels blockiert. Immer darf nur *eine* Karte im »Keller« liegen; erst wenn sie wieder weggespielt wurde durch An- oder Aufbau, darf eine neue Kellerkarte ins Souterrain wandern.

Der kleine Napoleon

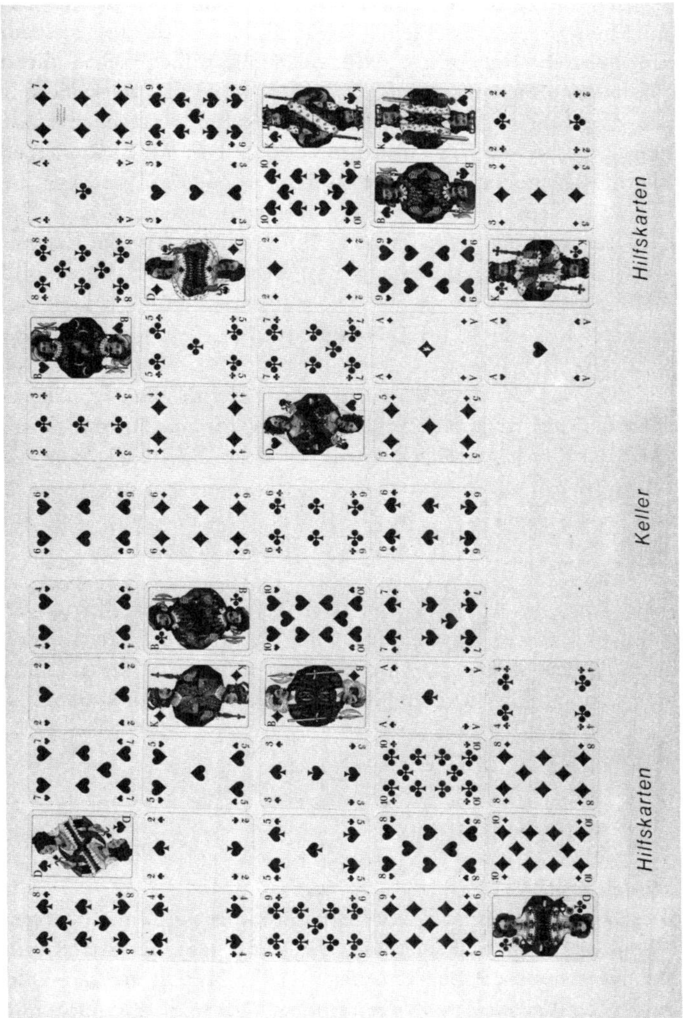

Haben wir eine ganze waagerechte Reihe weggespielt, haben wir einen Freiplatz. Ihn dürfen wir derart besetzen, daß wir – von ihm ausgehend – Kartenfolgen »umkehren«, also eine, die etwa Karo-König, Karo-Dame, Karo-Bube, Karo-Zehn aufweist, so auf den Freiplatz bauen, daß dort nun die Folge in umgekehrter, also steigender Folge erscheint, wie wir sie vielleicht zum Aufbau unserer steigenden Karo-Familie benötigen. Aber auch Einzelkarten – immer nur rechts oder links außen freie – dürfen auf so einen Freiplatz gepackt werden, wenn dies notwendig ist zum Fortführen des Spiels. Es ist also oftmals ratsamer, solche Freiplätze zu schaffen, also unsere echten Familien zu bauen. Wir müssen immer das ganze Bild im Auge haben und uns von Fall zu Fall für die jeweils beste Lösung entscheiden.
Und das wäre es. Jetzt bleibt es Ihnen überlassen, die Patience bis zum Aufgehen durchzuführen. Betrachten wir unser Bild. Auf Karo-Sechs würden *wir* eine steigende Familie bauen, weil da eine Karo-Sieben rechts außen liegt. Dadurch wird das Kreuz-As frei. Pik-Acht kann noch an Pik-Neun (oder Pik-Neun an Pik-Acht). *Wir* würden die Acht an die Neun legen, denn dadurch wird eine Pik-Dame frei, die nun an den König kann, der rechts außen frei liegt (Oder Pik-König an Pik-Dame, ganz wie Sie meinen!). Geht dann gar nichts mehr, müssen wir diese oder jene Hilfskarte zuziehen; nützt auch das nichts mehr, bleibt uns nur noch die »Kellerkarte« als letzte Rettung.
Und damit genug: Wir überlassen Sie nun Ihrem Kartenverstand und Ihrem Kartenglück. Sehr oft geht die Patience nicht auf. Aber sie geht auf. Und dies um so eher, je mehr Übung Sie gewonnen haben. Zum Glück und zum Verstand kommt also die Routine.

Der große Napoleon

2 Spiele zu je 52 Blatt
Diese Patience ist nicht etwa der »große Bruder« des »kleinen Napoleon«, sondern ein Spiel, das seine ganz eigenen Regeln hat. Kenner behaupten, daß der »Kleine Napoleon« reizvoller sei als der »große«. Wir aber finden, daß man das nicht mit-

einander vergleichen sollte, was außer einer Namensähnlichkeit gar nichts gemeinsam hat.
Vom gutgemischten Talon zu einhundertvier Blatt werden vierzig Karten abgezogen und als vier waagerechte Reihen zu je zehn Karten schuppenförmig angelegt. Bevor wir unseren Talon abspielen, betrachten wir dies vor uns liegende Bild in Form eines Rechtecks. Nur die unterste Reihe »spielt mit«, bzw. alle jene Karten der darüberliegenden Reihen, die im Spielverlauf frei werden. Asse der untersten Reihe werden herausgenommen und über oder neben dem Bild ausgelegt; denn auf ihnen sollen farbechte Familien in steigender Folge gebaut werden, so daß am Ende – sofern die Patience aufgeht – acht Familien daliegen, deren jede mit einem As beginnt und mit einem König endet. Sind Anschlußkarten für herausgelegte Asse frei (zum ausgelegten Herz-As z. B. Herz-Zwei und vielleicht sogar noch Herz-Drei), so kommen sie sofort auf ihr As. Und jetzt dürfen wir noch farbechte Folgen bauen, entweder fallend *oder* steigend. Pik-Neun kann also auf Pik-Zehn, Pik-Zehn aber auch auf Pik-Neun. Immer dann, wenn wir die Wahl zwischen mehreren Möglichkeiten haben, was oft genug der Fall ist, entscheiden wir uns für die im Moment günstigste. Wir werden also unsere Folge nach dem Grundsatz bauen: »So anlegen, daß wir eine Karte freilegen, die zum Spielverlauf beiträgt.«
Wenn wir alle Möglichkeiten erschöpft haben, ziehen wir Karte für Karte vom Talon ab und prüfen sie auf ihre Baufähigkeit. Asse sofort heraus, Anschlußkarten gleich auf die Asse. An fallende Folgen fallende Anschlußkarten, an steigende Folgen steigende Anschlußkarten. Und immer achtgeben, ob die jeweils oberste Karte vom Ablagestapel mitzuverwenden ist. Wir dürfen unseren Talon nämlich nur ein einziges Mal durchspielen; der Ablagehaufen muß also möglichst immer wieder abgebaut und schließlich ganz aufgelöst werden.
Wird im Spielverlauf eine senkrechte Reihe weggespielt, haben wir einen kostbaren Freiplatz. Dorthin dürfen wir legen, was wir wollen. Entweder eine Blockadekarte aus unserem Bild, oder die oberste Karte vom Ablagehäufchen, oder – und dies ist meist sehr zu empfehlen – die unterste Karte einer steigend gebauten Folge, auf die nun die darüber frei werdenden Karten nacheinander gepackt werden können, so daß aus der stei-

genden Folge eine fallende wird, die nun vielleicht hinübergebaut werden kann auf ihre As-Familie. Dadurch entsteht dann gleich wieder ein kostbarer Freiplatz in der obersten waagerechten Reihe. Und mit ihm haben wir neue Chancen.
Dies dürfte genügen zum Verständnis des »großen Napoleons«.

Der Familientag

2 Spiele zu je 52 Blatt
Dies ist eine schwierige Patience, die volle Aufmerksamkeit erfordert. Unser Ziel ist es, zwei Spiele zu je zweiundfünfzig Blatt so unterzubringen, daß am Ende vier Päckchen daliegen, deren jedes sechsundzwanzig Karten enthält, und zwar jeweils reinrassige Familien. Jede »Doppelfamilie« beginnt mit dem As, das als Eins gilt. Darauf wird steigend gebaut, also: Zwei, Drei, Vier ..... Zehn, Bube, Dame, König. Nun aber wird darauf weiter aufgebaut, und zwar jetzt *fallend,* also vom König abwärts: Dame, Bube, Zehn ..... Vier, Drei, Zwei, As, König. Ist so eine Doppelfamilie komplett, muß also zuunterst jeweils ein As liegen, zuoberst ein König.
Wir entnehmen unserem Talon je ein As der vier verschiedenen Farben. Diese Asse legen wir untereinander offen aus. Jetzt ziehen wir nacheinander sechzehn Karten vom Talon ab, die wir in vier Viererreihen offen auslegen. Erscheinen dabei Zweien, werden diese gleich auf ihre Asse gepackt, der dadurch entstandene Freiplatz im Bild wird sofort durch eine neue Karte vom Talon besetzt. Ist da auch noch eine passende Drei, kommt auch sie auf die Folge As, Zwei. Geht nichts mehr, sehen wir zu, ob wir passende Karten gleicher Farben im Bild anlegen können. Da aber müssen wir schon sehr genau achtgeben, denn – nehmen wir als Beispiel einmal die Herz-Farbe – wir müssen ja diese Herzen einmal *fallend* im Bild bauen, einmal aber *steigend;* denn wir wollen sie ja, sobald dies möglich ist, auf unser ausgelegtes Herz-As abbauen, und das geschieht *steigend* bis zum König, und danach fallend, über Dame, Bube ..... wieder bis zu As, König.
Vier Könige also sind Sperrkarten, denn sie kommen ja als allerletzte auf ihre Doppelfamilie. Im Bild *steigend* gebaute Familien enden also mit je einem König, daran kann nichts mehr gebaut

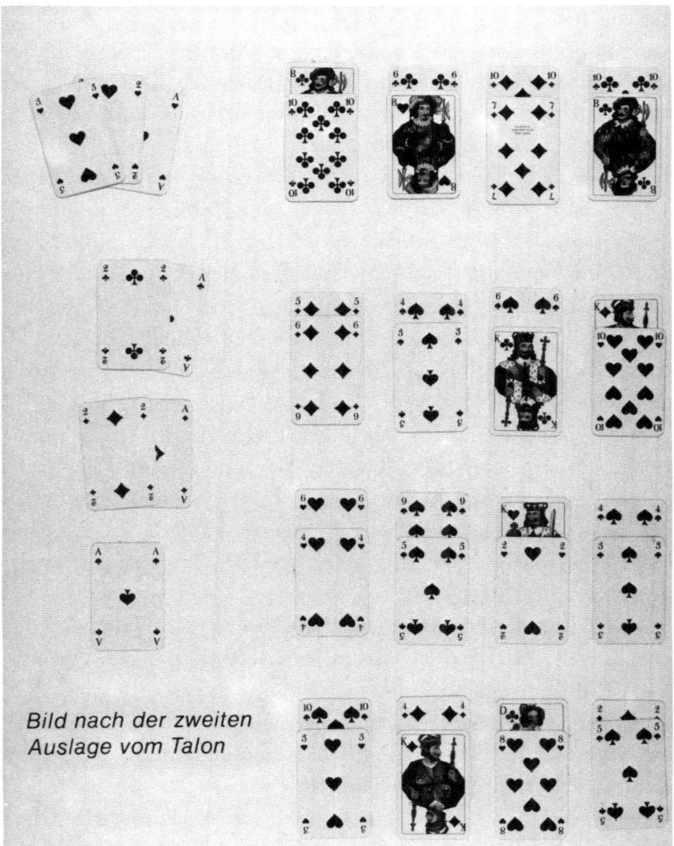

Bild nach der zweiten Auslage vom Talon

werden. Liegt in unserem Bild etwa eine Herz-Fünf und liegen da auch zwei Herz-Vieren, kommt eine Vier fallend auf die Herz-Fünf. Die andere aber bleibt liegen, bis die zweite Herz-Fünf erscheint, die nun steigend auf diese Vier gelegt wird.

Innerhalb der so begonnenen steigenden und fallenden Folgen dürfen wir allerdings beliebig umbauen, sofern dies möglich und günstig ist. Geht gar nichts mehr, ziehen wir vom Talon weitere Karten ab und legen sie der Reihe nach aus. Aber immer nur dorthin eine neue Karte, wo noch keine steigende oder fallende Folge angefangen ist!

Betrachten wir unser Bild nach dieser zweiten Auslage. Wir sehen, daß da zwischen den vier Viererreihen ein größerer Zwischenraum frei geblieben ist, denn das ist übersichtlicher, weil wir schuppenförmig anlegen, um immer sofort zu überblicken, wo bereits richtige Folgen liegen, und wie weit sie nach oben hin reichen.

Interessant ist unsere oberste Reihe. Wir hatten in der ersten Auslage zwei Kreuz-Buben und zwei Kreuz-Zehnen. Wir konnten also bauen, und zwar – wie oben bereits erklärt – einmal *steigend* und einmal *fallend!* In der zweiten Reihe kam durch die zweite Auslage auf die Karo-Fünf eine Karo-Sechs. Ob wir hier nun steigend weiterbauen, oder aber die Folge fallend abbauen, sobald sich hierfür eine Möglichkeit ergibt, bleibt uns überlassen. Es kommt ganz einfach darauf an, was günstiger ist. Bleiben wir aber bei steigend, müssen wir unsere zweite, sich irgendwann ergebende Karo-Folge fallend bauen. Vier und Drei in Pik wurden bereits bei der ersten Auslage passend übereinandergebaut. Hier durften wir also bei der zweiten Auslage keine Karte mehr anlegen (was auch sehr unklug wäre, weil wir uns dadurch ja eine Folge verbaut hätten).

In der dritten Reihe rechts außen ist ebenfalls eine fallende Folge angefangen. Hier bauen wir fallend weiter, können also Pik-Vier, Pik-Drei an Pik-Fünf, vierte Reihe rechts außen legen.

Was aber nun mit Herz-Vier, erste Karte der dritten Reihe, links außen, was mit Herz-Zwei, dritte Karte der dritten Reihe, und was mit Herz-Drei, erste Karte der vierten Reihe? Herz-Vier kommt auf Herz-As. Wir müssen nun Herz-Zwei und Herz-Drei *steigend* bauen, um *fallend* wieder abbauen zu können, bis die

Herz-Reihe über König, Dame und so fort bis zur Herz-Vier gediehen ist, die *nun* weggenommen und eingebaut werden kann.
Es gibt da vielleicht noch weitere Möglichkeiten zum Bau? Bitte, prüfen Sie das selbst nach.
Geht gar nichts mehr, ziehen wir weitere Karten vom Talon und legen je eine an oder auf solche Reihen, die *keine* echten Folgen aufweisen. Werden in der obersten Reihe Plätze frei, dürfen wir dorthin Könige legen, die andernfalls Blockadekarten wären. An sie darf bei der nächsten Auslage wieder angebaut werden.
Wir wissen nun: immer gut achtgeben, daß wir je eine Folge fallend bauen, je eine steigend. Wir wissen aber auch, daß wir innerhalb solcher Folgen – wenn möglich und dienlich – Umbauten vornehmen dürfen, so daß nun die zuerst steigende Folge zur fallenden wird, die zuerst fallende zur steigenden. Es gibt also sehr viel zu beachten und zu bedenken. Ein einziges Mal darf der Talon durchgespielt werden, dann muß unser Familientreffen geglückt sein.
Fortgeschrittene dürfen sich die Patience dadurch erschweren, daß sie die vier Asse der vier Farben *nicht* gleich aus dem Spiel nehmen und neben das Bild legen, sondern immer erst dann, wenn sie im Bild oder beim Abziehen des Talons auftauchen. Das ist dann aber schon sehr viel komplizierter!

Patiencen für zwei Personen

Wir erwähnten schon, daß jede Patience, sofern mittleren oder großen Schwierigkeitsgrades, für das Spiel zu zweit geeignet ist. Freilich nicht im Gegeneinanderspiel, sondern im friedfertigen Miteinander. Die oftmals erforderliche »Strategie« wird gemeinsam beraten; was ein Spieler übersieht, beachtet der andere. Wird aber die Passion für Patiencen zur Manie, kann aus dem Zusammenspiel auch Ärger entstehen, denn so ein leidenschaftlicher Patiencenspieler mag oft nicht zugeben, daß er etwas übersah oder dies und jenes hätte besser machen können. Gemeinsames Patiencespiel ist also nur etwas für Leute mit friedfertigem Temperament.
Ganz anders die Patiencen, die allein gar nicht spielbar sind, also einen Partner bzw. Gegner unbedingt erfordern. Solche haben wir für Sie gesammelt, und solche werden Ihnen dann viel Spaß machen, wenn Sie Gesellschaftsspiele jeder Art lieben. Eine Patience ist darunter, die sogar mindestens drei Mitspieler erfordert. Sie ist also bereits eine echte »Familien- oder Gäste-Patience«.
Wir wünschen Ihnen viel Vergnügen, das sich ganz gewiß dann einstellt, wenn Sie bedenken: »*Einer kann* nur gewinnen!«

Hans und Grete

2 Spiele zu je 52 Blatt
Dies ist eine Patience für zwei Personen, die oft aufgeht, aber durchaus nicht immer. Nennen wir die beiden Gegenspieler also Hans und Grete. Jeder hat ein Spiel zu zweiundfünfzig Blatt, das er gut mischt. Von diesem Spiel werden – und dies

sowohl bei Hans, als auch bei Grete – zweimal acht Häufchen zu je drei Karten in je zwei Reihen ausgelegt. Alle Karten sind verdeckt. Im Ganzen hat also jeder achtundvierzig Karten ausgelegt, die restlichen vier legt jeder verdeckt neben seinem Bild ab, nachdem er die oberste offen vorzeigte. Derjenige beginnt das Spiel, dessen vorgezeigte Karte den höchsten Wert aufwies, wobei As als höchste Karte gilt. Zeigen beide Spieler eine Karte gleichen Wertes, z. B. jeder eine Neun, dann entscheidet die Farbe. Die höchste Farbe ist Kreuz, es folgt Pik, Herz und Karo. Zeigte Grete also eine Herz-Neun, Hans aber eine Kreuz-Neun, so beginnt er das Spiel. Er darf nun zunächst die obersten Karten seiner sechzehn Dreierhäufchen umwenden, so daß diese nun offen daliegen. Und nun wendet Grete Karte für Karte (immer nur die oberste eines jeden Häufchens) um. Kommt dabei eine zum Vorschein, die in einer der beiden Achterreihen bei Hans obenauf liegt, heimst der beide Karten ein und legt sie beiseite. Beispiel: Grete wendet eine Kreuz-Acht um; bei Hans liegt eine Kreuz-Acht auf. Hans bekommt beide Achten. So geht das fort, bis Grete alle ihre Karten gewendet hat.

Jetzt ist sie aber an der Reihe, einzuheimsen. Hans dreht nun alle jene Karten der Reihe nach um, die durch Wegnahme gleicher Paare bei ihm frei wurden. Sind solche dabei, die Grete beim Umwenden ihrer freigewordenen Karten auch hat, oder aber die sich bei ihr dort offen finden, wo noch nichts weggenommen worden war, so heimst Grete nun das Kartenpaar ein.

So geht das immer umschichtig fort, bis keine Möglichkeiten mehr vorhanden sind. Wieder tritt nun ein Spielerwechsel ein. Derjenige, der nicht »dran« ist, zieht die oberste Karte von seinem bei der Auslage übriggebliebenen Viererpäckchen ab. Hat sein Gegenspieler die entsprechende im Bild, heimst er das Pärchen ein. Geht nichts mehr, ist wieder Wechsel; der andere zieht nun Karte für Karte vom Talon ab. Gerät die Patience ins Stocken, bevor alle Karten vom Tisch sind, ist sie nicht aufgegangen. Jetzt wird aber noch der Gewinner ermittelt. Es ist derjenige, der die meisten Pärchen bei sich vereinigt hat, ganz gleich, ob die Patience nun aufging oder nicht.

Man kann das Spiel dadurch komplizieren, daß man klopft, wenn jener, der gerade »dran« ist, eine Möglichkeit übersieht.

Dann muß der abgeben an seinen Gegner, dessen Chancen, am Ende die meisten Pärchen zu haben, sich dadurch vergrößern.

Max und Moritz

2 Spiele zu 52 Blatt

Auch dies ist eine Patience für zwei Gegenspieler, »Hans und Grete« nicht unähnlich, aber noch einfacher als diese.

Jeder Spieler hat ein gemischtes Spiel zu zweiundfünfzig Blatt. Jeder legt von seinen Karten eine Reihe zu zwölf Karten offen aus. Bei Platzmangel – man spielt vielleicht am kleinen Tischchen in der Sommerlaube – darf das Bild auch anders aussehen, d. h. zwei Reihen zu sechs Karten sind auch erlaubt, ebenso vier Reihen zu je drei Karten. Eine lange Zwölferreihe ist freilich übersichtlicher.

Die übriggebliebenen Karten, vierzig an der Zahl bei jedem Spieler, werden beiseite gelegt.

Wer das Spiel beginnt, wird am besten vorm Auslegen bestimmt. Jeder hält sein Spiel so hoch, daß der Gegenspieler die unterste Karte, nun offen, sehen kann. Wer die höchste Unterkarte hat, fängt an. Bei gleichen Karten entscheidet auch hier wieder die Farbe. Bei »Hans und Grete« hatten wir die Farbfolge so angegeben: Kreuz, Pik, Herz, Karo. Dies ist die Farbfolge, wie der Skatspieler sie kennt. Bridgespieler werten anders, nämlich: Pik, Herz, Karo, Kreuz. Man kann das halten, wie man will, muß sich aber natürlich einig sein. Wenn Verliebte die Herz-Farbe als höchste werten – warum nicht?

Wer also anfängt, prüft seine und des Gegners Auslage, ob sich zwei Karten gleichen Wertes und gleicher Farbe darunter befinden. Diese beiden Karten nimmt er vom Tisch, d. h. legt sie beiseite. Die dadurch entstandenen Freiplätze werden neu besetzt, und zwar besetzt jeder die Freiplätze in *seiner* Reihe von *seinem* Talon. Nach Wegnahme eines jeden Pärchens (oder deren mehrerer, wenn möglich) und nach Auffüllen der entstandenen Lücken ist Partnerwechsel. Begann Max, ist also nun Moritz an der Reihe. So geht es fort, immer im Wechsel, bis auch nach Auffüllen der entstandenen Lücken nichts mehr geht. Dann darf jeder Spieler von seinem Talon eine dreizehnte Karte anlegen.

Ergeben sich dadurch wieder Möglichkeiten, wird wie oben weitergespielt. Da Freiplätze ja immer gleich vom Talon neu besetzt werden, kann das Spiel nun mit dreizehn Karten noch lange weitergehen. *Vierzehnte* Karten aber dürfen *nicht* mehr angelegt werden, falls bei je dreizehn Karten pro Spieler nichts mehr geht.

Geht also bei Dreizehnerreihen nichts mehr, und sind im Talon auch noch Karten, ist die Patience gescheitert.

Aber das macht nicht gar soviel, denn ein Sieger wird trotzdem bestimmt. Es ist jener, der die meisten gleichwertigen und gleichfarbigen Pärchen bei sich vereint hat. (Leichter ist das Spiel, wenn man zwar Pärchen gleichen *Wertes* sammelt, nicht aber solche gleicher *Farbe*. Im letzteren Fall dürfen also Herz- und Pik-König zusammen eingenommen werden, oder Pik-Sieben und Karo-Sieben, um nur ein Beispiel zu nennen.)

Die Apartheid

Jeder Mitspieler hat 2 Spiele zu je 52 Blatt

Apartheid, wir wissen es, ist die Bezeichnung für die strenge Rassentrennung in der Südafrikanischen Union. Gleichviel, wie wir darüber denken – der Name für diese Mehrpersonen-Patience, die zugleich ein heiteres Kartenspiel ist, bezieht sich auf echte und unechte Familien, die getrennt – »apart« – voneinander gelegt werden.

Spiel und Patience zugleich, und dies für beliebig viele Personen, am besten aber nicht mehr als vier Teilnehmer, weil andernfalls alles doch ein wenig unübersichtlich werden würde.

Wir brauchen soviel Doppelspiele, wie wir Mitspieler haben, jeder also hat zwei Spiele zu je zweiundfünfzig Blatt. Laden wir ein zur »Apartheid«, dann bitten wir zugleich: »Patiencekarten sind mitzubringen!« Am besten natürlich solche, die sich von unseren durch die Zeichnung der Rückseiten unterscheiden, denn – wie anders sollten wir sie am Ende wieder auseinandersortieren? Gehen wir von drei Spielern aus. Jeder hat seine gutgemischten beiden Päckchen, zum Talon vereinigt, vor sich, und zwar verdeckt. Spieler A, der beginnt, zieht die oberste Karte von seinem Talon ab und legt sie offen mitten auf den Tisch.

Gleichviel, welchen Wertes und welcher Farbe, ist diese unsere »Zentralkarte«. Da von ihr noch fünf weitere »draußen« sind (jeder der drei Spieler hat in jedem seiner beiden Kartenpäckchen je eine davon, was zusammen 6 ergibt, wovon eine aber bereits ausgelegt ist, fünf also noch zum Vorschein kommen werden), werden diese fünf im Spielverlauf zu der ersten Zentralkarte gelegt. Nehmen wir an, A habe eine Herz-Vier gezogen und aufgelegt. Fünf weitere Herz-Vieren werden also im Spielverlauf um diese erste herumgruppiert. Auf diesen Zentralkarten wird »echt« aufgebaut, und zwar steigend. Auf Herz-Vier also Herz-Fünf, Herz-Sechs . . . . ., Herz-König, Herz-As, Herz-Zwei, Herz-Drei. Grundkarten sind für dies Spiel also die Vieren, Schlußkarten sind die Dreien.

Nun hat aber jeder noch sechs weitere Vieren, außer den beiden Herz-Vieren, in seinem Doppelblatt, nämlich zweimal Karo-Vier, zweimal Pik-Vier und zweimal Kreuz-Vier. Auch *diese* Vieren werden im Spielverlauf ausgelegt, aber in höflichem Abstand um die »aparten« (getrennt gelegten) Herz-Vieren herum, bzw. um die auf ihnen gebauten echten Familien. Im Ganzen müssen dann also irgendwann insgesamt vierundzwanzig Vieren ausliegen (jeder hat insgesamt acht, dreimal acht aber ergibt vierundzwanzig). Auf die Vieren aber, die *nicht* Herzfarbe haben, wird – ebenfalls steigend – ganz beliebig gebaut, wie sich's gerade trifft, auf Karo-Vier z. B. kann also Kreuz- oder Pik-Fünf kommen, auf Kreuz-Fünf Pik- oder Karo-Fünf. Bloß keine Herzkarten, denn die kommen allesamt auf die getrennt gelegten, »aparten«, Familien! Nachdem die erste Zentralkarte derart ermittelt und ausgelegt worden ist, zieht Spieler A eine zweite Karte vom Talon. Paßt sie zufällig auf die Herz-Vier, ist sie also eine Herz-Fünf, kommt sie sofort auf ihre Zentralkarte. Ist es eine Vier einer anderen Farbe, wird sie auch ausgelegt. Die jeweils oberste der unbrauchbaren, vom Talon abgezogenen und nebenbei abgelegten Karten darf zum Bau immer mitbenutzt werden.

Geht bei A nichts mehr zu legen bzw. ging von vornherein nichts auszulegen außer der Herz-Vier, so »gibt A ab«, d. h. sein Spieler zur Linken ist nun am Zuge. Und so geht das weiter, immer reihum. Sind die Aus- und Anlegemöglichkeiten anfangs sehr gering, werden sie im Spielverlauf immer besser. Man muß

Die Apartheid

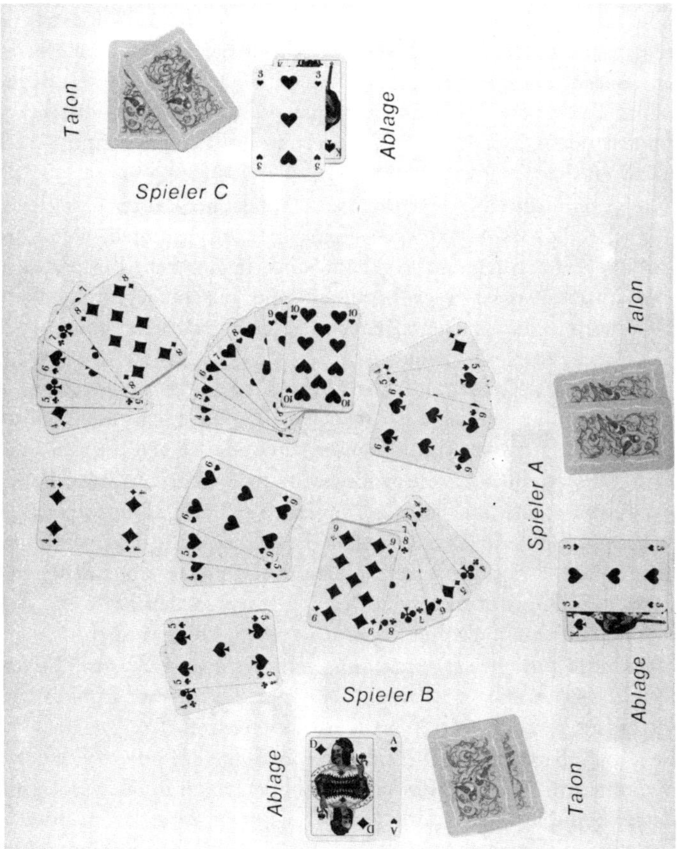

sehr gut aufpassen, um keine Anbaumöglichkeit zu versäumen. Übersieht der Spieler, der gerade am Zuge ist, eine Chance, darf »geklopft« werden. Er muß dann sofort abgeben an seinen Nachbarn zur Linken. Zu bemerken ist noch, daß jeder Spieler nicht nur die Auslage auf dem Tisch beachten muß, sondern auch die jeweils oberste, offen abgelegte Karte der unbrauchbaren vom Talon. Auf sie darf er nämlich ebenfalls »bauen« und zwar gleich welche Farbe *und* auch *gleich*, ob steigend oder fallend! Bei A liegt zum Beispiel auf dem Ablagestapel obenauf offen ein Pik-Bube. Zieht Spieler C nun eine Dame *oder* einen König, gleich welcher Farbe, außer Herz, darf er diese bei A auf dessen Ablagestapel legen und nun eine weitere Karte von seinem Talon abziehen. Liegt bei A *und* bei B eine Karte offen auf deren Ablagestapel, an die C eine nächstgezogene anlegen kann, dann verfährt er nicht nach Belieben, sondern »bestückt« immer jenen, der ihm – linksherum im Uhrzeigersinn – am nächsten sitzt.

Wie gesagt: unsere »Apartheid« ist Spiel und Patience zugleich. Was die *Patience* betrifft, so gilt sie als aufgegangen, wenn am Ende alle Familien fertig gebaut sind, in unserem Beispiel also allesamt mit einer Vier beginnen und mit einer Drei enden. Unabhängig davon hat aber jeder Spieler noch seine besonderen Gewinnchancen. Derjenige nämlich, dem es gelingt, die jeweils letzte Karte auf eine nunmehr fertige Familie zu bauen, darf die ganze Familie einnehmen. Sie »spielt nun nicht mehr mit«, zählt aber für ihren Einheimser entweder einen Punkt oder fünf Punkte. Einen Punkt gibt es für jede *nicht* »aparte« Familie, fünf Punkte aber gibt es für jede »aparte«, in unserem Beispiel also für jede fertige, steigend gebaute echte Herz-Familie. Schließlich darf auch jener Spieler drei Punkte für sich verbuchen, der als erster alle seine Karten losgeworden ist, d. h., daß er keinen Talon mehr hat und auch keinen Ablagestapel.

Stockt die Patience irgendwann, geht sie also *nicht* auf, ist das Spiel beendet. Sieger ist dann also, wer die meisten Punkte hat, gleichviel, wieviel Karten noch »draußen« sind.

Sehen wir uns nun das Bild unserer Auslage an, wie es sich etwa bis zum achten »Umlauf« ergeben haben mag. Spieler C sei am Zuge. Seine auf dem Ablagestapel liegende Drei kann er *nicht* auf die Pik-Zwei von A packen, denn es ist ja eine Herz-Drei.

Zieht er als nächste Karte aber vielleicht ein Kreuz-As vom Talon, packt er dies auf die Pik-Zwei von A, denn dort darf ja fallend *oder* steigend gebaut werden, gleichviel, welche Farbe, außer Herz!

Der »Tisch« weist nun schon eine Reihe unserer im Werden begriffenen Familien auf, in der Mitte die von den anderen getrennten, echten, *»aparten«*, drumherum die unechten. Allesamt *hier* aber steigend.

Um der besseren Übersicht willen haben wir das Bild schuppenförmig ausgelegt. Sie brauchen dies natürlich nicht zu tun, sondern dürfen Karte auf Karte packen. Andernfalls wäre auch zu wenig Platz, denn wo gäbe es schon so große Spieltische, daß wir die Familien allesamt schuppenförmig auf ihnen unterbringen könnten?

Das Spiel geht also weiter, und wir wollen annehmen, daß Spieler B alle seine Karten untergebracht habe. Er scheidet aus, A und C aber spielen weiter. Bleibt schließlich nur noch A übrig, weil auch C keine Karten mehr hat, zieht A so lange Karten ab, als sich für ihn noch Möglichkeiten ergeben. Wenn er Glück hat, kann er derart vielleicht noch diese und jene Familie vollenden, sie einheimsen und sich die entsprechenden Punkte gutschreiben. Bleiben ihm – wenn nichts mehr geht – noch Karten übrig, ist die Patience zwar gescheitert, das Spiel ist aus, aber es kommt nun noch die Punkteabrechnung. Das Spiel darf auch so abgewandelt werden, daß einer, der keine Karten mehr hat, dadurch wieder ins Spiel kommt, daß er »klopft«, wenn einer eine Chance übersieht. Der nun muß sofort zehn Karten von seinem Talon an jenen abgeben, der klopfte, so daß dieser nun wieder mitspielen kann. Sind keine zehn Karten mehr im Talon des »Abgeklopften«, zieht er seinen Ablagestapel hinzu, um die zehn Karten vollzumachen. Hat er insgesamt keine zehn Karten mehr, gibt er dem, der klopfte, die Hälfte seiner Karten, gleichviel, ob er hierfür den Ablagestapel mit verwenden muß oder nicht.

Zu beachten ist ferner, daß immer der »Tisch« Vorrang hat. Wird also eine Karte vom Talon abgezogen, die sowohl an eine Familie auf dem Tisch paßt, als auch auf eine der offenen Oberkarten von den Ablagestapeln, muß diese Karte auf dem »Tisch« angebaut werden!

Vier Damen

1 Spiel zu 52 Blatt

Eine Patience für zwei Personen ist dies, die nicht allzu viel Aufmerksamkeit erfordert, so daß geübte Spieler (Spielerinnen) sich unterhalten können. Zweifach, denn die Patience unterhält sie, und sie unterhalten sich plaudernd. Man muß ja nicht jede Patience, die schließlich ein Spiel ist, stumm und mit tierischem Ernst behandeln!

Ein Spiel zu zweiundfünfzig Karten wird gemischt. Alle vier Könige werden herausgenommen und in einer offenen Reihe nebeneinander mitten auf den Tisch gelegt. Nun werden vier weitere Karten vom Talon abgezogen, die – ebenfalls offen – in einer Viererreihe unter die Könige gelegt werden.

Die restlichen vierundzwanzig Karten des Talons werden zu je zweiundzwanzig verdeckt unter den beiden Spielern verteilt. Derjenige, der das Spiel beginnt, zieht die oberste Karte vom verdeckten Talon ab und prüft sie auf ihre »Baufähigkeit«. Ziel der Patience ist es, auf den Königen in steigender Folge, also über As, Zwei, Drei ..... bis zu den Damen echte Familien zu bauen. Wenn sie aufgeht, liegen am Ende also die vier Damen obenauf, alle übrigen Karten sind verbraucht, auch die Hilfsreihe, die wir unter die Könige legten, ist selbstverständlich aufgelöst.

Der Anspieler also prüft seine erste Karte vom Talon. Außerdem besieht er sich auch die Hilfsreihe. Liegen in ihr nämlich Asse, werden sie sogleich herausgenommen und auf die farblich zu ihnen passenden Könige gebaut. Der freie Platz in der Hilfsreihe wird durch die abgezogene Karte vom Talon neu besetzt. Jetzt wird noch geprüft, ob sich in der Hilfsreihe eine Zwei befindet, die farbgleich aufs As paßt. Ist dies der Fall, wird auch sie sogleich auf ihre »Familie« gepackt, eine weitere Karte wird vom Talon abgezogen. Dient sie dem Weiterbau der Familien, wird sie auf ihre farbechten »Verwandten« gelegt. Damit ist's aber noch nicht getan. Auf die vier Karten der Hilfsreihe wird nämlich *fallend* gebaut, und zwar immer rot-schwarz, schwarz-rot im Wechsel.

Ergibt sich keine weitere Möglichkeit, wird die als letzte abgezogene Karte offen neben dem Talon aufgelegt. Der Spieler

»gibt ab« an seinen Partner. Der verfährt nun geradeso, und dies wiederum so lange, bis gar nichts mehr geht. Auch auf die offenen Karten darf gebaut werden, und zwar auf jene des Gegenspielers. Hier nun ebenfalls rot-schwarz, schwarz-rot im Wechsel, aber sowohl steigend als fallend. Auf eine offene rote Acht des Gegenspielers kommt also entweder eine schwarze Neun oder eine schwarze Sieben.
Seine eigene offen obenauf liegende Karte vom Ablagestapel darf der Spieler ebenfalls zum Aufbau seiner Familien mitverwenden. Der Talon wird beliebig oft durchgespielt. Geht die Patience nicht auf, hat der gesiegt, der die meisten Karten loswurde.

Rom ist nah

1 Spiel zu 52 Blatt
Pik-Fünf, Pik-Zwei, Kreuz-König – Kreuz-Neun, Pik-Sechs, Pik-Sieben – Pik-As, Kreuz-As, Kreuz-Acht. Was heißt das? Es ist der Name unserer Patience: »Rom ist nah«, wobei die Buchstaben in Kartenwerte umgesetzt wurden.
Eine Patience ganz besonderer Art, für zwei Personen und ganz gewiß unbekannt, weil bislang sorglich gehüteter »Familienbesitz«. Eine Großtante hat die Patience erfunden, nachdem sie von der Leiter gefallen war und einen Beinbruch erlitten hatte. Da lag sie nun und langweilte sich mit ihrer Pflegerin um die Wette, bis ihr eines Tages auffiel, daß zwei Familien eines Patiencespiels immer zusammen gerade so viele Karten enthalten, wie das Alphabet Buchstaben hat, nämlich sechsundzwanzig. Und aus dieser Erkenntnis heraus entwickelte sie eine Patience, die sich bei uns großer Beliebtheit erfreut und gewiß begeisterte Anhänger finden wird.
Und nun zum Spiel. Zuerst machen wir uns so eine alphabetische Tabelle, wie sie auf der Bildtafel zu sehen ist. Dann wird die Karo-Familie aussortiert und weggelegt. Die Herz-Familie aber spielt, außer den Pik- und Kreuzfamilien, mit. Alle Herz-Karten sind »Joker«, d. h.: sie dürfen als ganz beliebige Buchstaben gelten. Kreuz-, Pik- und Herzkarten werden gemischt und an zwei Spieler verteilt. Jener, der Karten austeilt, be-

kommt immer eine Karte weniger als der andere; denn die insgesamt neununddreißig (3 × 13) Karten sind ja nicht durch zwei teilbar. Und nun beginnt das Spiel, dessen Ziel es ist, möglichst alle Karten in Worten unterzubringen, wobei zunächst jeder für sich allein spielt. Entweder werden kleine Sätze ausgelegt, wie eben »Rom ist nah«, oder man legt Wörter, und zwar Hauptwörter, je kürzer, desto günstiger für den Spielverlauf, Eigenschaftswörter und Zeitwörter. Letztere aber immer nur in der Nennform (in diesem Fall also nicht »ist«, was nur in Sätzen erlaubt ist, sondern »sein«, nicht »näht«, sondern »nähen«). Man muß freilich immer auf die Tabelle schauen, denn es dauert eine ganze Weile, bis man dies »Karten-Alphabet« im Kopf hat.

Nachdem jeder auf diese Weise sein Möglichstes getan hat, betrachtet er die Auslage des Gegenspielers. Und hier darf nun – immer umschichtig – sowohl angelegt als auch geräubert werden.

Wie ist das zu verstehen? An Sätze könnte man zum Beispiel anlegen: »Rom ist nahe bei Pisa.« An Wörter ist das Anlegen leichter. Da hat der Gegner vielleicht ausgelegt: »Wand«. Durch Anlegen zweier Karten wird daraus »Wandel«. Und schließlich darf geräubert werden. Befindet sich in »Ball« für das eine L ein Joker, also eine beliebige Herz-Karte, und hat der Gegner die Kreuz-Dame, die ja – siehe Tabelle – fürs L steht, dann darf er diese beim Gegner einbauen und ihm dafür die begehrte Herz-Karte rauben.

Es dürfen aber auch solche Karten geraubt werden, die keine Joker sind, diese aber immer nur vom Ende des Wortes, wie ja auch nur ans Wortende angebaut werden darf. Hat der Gegner gelegt: Kreuz-Bube, Pik-Zwei, Kreuz-Acht, Kreuz-Dame, Kreuz-Fünf, was – siehe Tabelle – »Kohle« heißt, dann darf das E, die Kreuz-Fünf also, geraubt werden, so daß »Kohl« übrigbleibt. Das geht natürlich nur dann, wenn trotz des Raubes ein sinnvolles Wort übrigbleibt. Vom »Vater« ein R zu rauben, ist also verboten, denn »Vate« hat keinen Sinn! Wurde derart mit Erfolg geraubt, darf jeder Spieler seine Auslage beliebig ändern. Er darf fertige Worte wieder einnehmen, wenn er, mit Hilfe seiner geraubten Karten, Besseres auslegen kann, d. h. solche Wörter, die ihm ermöglichen, mehr Karten unterzubringen,

Herz-Karten-Joker

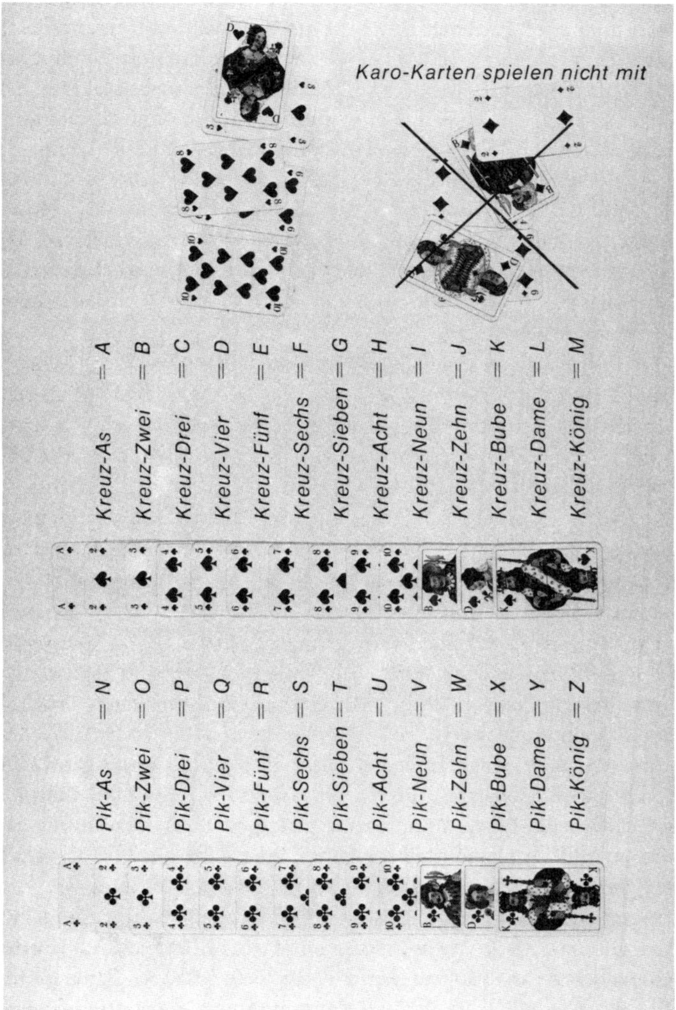

wenn nicht gar alle. Letzteres ist freilich ein seltener Glücks- *und* Verstandesfall.

Auch so eine neue Auslage darf wieder beraubt werden. Das Spiel geht also so lange weiter, bis jeder alle Möglichkeiten erschöpft hat. Am Ende zählt jeder seine unbrauchbaren Restkarten. Verlierer ist jener, der die meisten übrig behalten hat.

Man muß aber auch achtgeben, ob der Gegner nicht einen Fehler gemacht hat. Wer für ein W versehentlich die Pik-Neun auslegte, statt der Pik-Zehn, muß es sich gefallen lassen, daß sein Gegenspieler »klopft« und ihm drei – für ihn unbrauchbare – Strafkarten aufholzt. Also etwa Pik-Bube = X, Pik-Dame = Y, Pik-Vier = Q.

Und zum Schluß noch ein Wort über die Eigennamen. »Max« und »Inge« sind zulässig, geographische Namen ebenso, wie solche berühmter Leute. Aber »Webel« (Familienname des Nachbarn) ist verboten. Auch Kosenamen wie: »Didy«, »Kutti« und dgl. sind verboten.

Und nun – ans Werk. Die spannende Unterhaltung füllt mitunter eine ganze Stunde!

Die Räuber kommen

2 Spiele zu je 52 Blatt

Eine sehr nette, wenig bekannte Patience für zwei Gegenspieler.

A und B haben je ein Spiel zu zweiundfünfzig Blatt. Sie sitzen einander gegenüber, zuerst spielt jeder für sich allein. A sowohl als B zieht die oberste Karte von seinem Talon und legt sie als »Bestimmungskarte« offen aus. Sollten zufällig beide Spieler eine Bestimmungskarte gleichen Wertes ziehen, werden beide Karten wieder eingenommen, unter den Talon geschoben und durch die nun oberste vom Talon ersetzt. A habe zum Beispiel eine Neun als Bestimmungskarte gezogen, B eine Drei. A entnimmt nun seinem Talon die drei übrigen Neunen, B die drei übrigen Dreien. Sie werden neben die bereits ausgelegten Bestimmungskarten gelegt. A sowohl als B zieht nun je sechzehn Karten von seinem Talon, die er offen als Hilfsreihen zu je acht Karten unter die Bestimmungs- oder Grundkarten legt. Jeder für sich, also völlig unabhängig vom anderen, sieht nun zu, was sich mit dieser Auslage machen läßt. Es gilt, auf den Bestimmungskarten echte Familien steigend zu bauen, bei A also Neun, Zehn, Bube, Dame, König, As, Zwei, Drei . . . . . Sieben, Acht. Bei B aber: Vier, Fünf, Sechs . . . . . König, As, Zwei. Auf die Hilfsreihen wird farbecht fallend gebaut, erscheinen Anschlußkarten zu den steigenden Familien über den Grundkarten, wird die ganze Folge oder »Flöte« der Hilfsreihe übergepackt auf die Familie über der Grundkarte. Entstehende Freiplätze in den Hilfsreihen werden vom Talon her sofort neu besetzt, wodurch sich wohl wieder neue Baumöglichkeiten ergeben. Geht bei A nichts mehr und auch bei B nicht, beginnt das Gegeneinander-Spiel. Derjenige, der seine echten Familien auf den *höherwertigen* Bestimmungskarten baut, darf nun nämlich die Auslage des Gegenspielers räubern oder plündern. Er darf sich alle unten an den Hilfsreihen offen liegenden Karten oder freie Einzelkarten der beiden gegnerischen Hilfsreihen einfach aneignen, sofern sie ihm zum Bau der steigenden oder fallenden Familien dienlich sind. Aber Bestimmungskarten und auf ihnen bereits steigend im Bau befindliche Folgen darf er *nicht* wegnehmen. Er darf sich also nur aus den Hilfsreihen »bedienen«.

Hat der »Räuber« derart alle Möglichkeiten erschöpft, spielt wiederum jeder für sich weiter. Zunächst besetzen A und B die in ihren Hilfsreihen durch eigene oder gegnerische Räuberei entstandene Freiplätze von neuen Karten des Talons. Dann versucht wieder jeder für sich, seine steigenden und fallenden Familien weiterzubauen. Geht nichts mehr, darf nun B bei A »räubern«. Dann folgt wieder das Alleinspiel, A räubert, Alleinspiel, B räubert . . . . . Sieger ist jener, der als Erster seine vier echten steigenden Familien beisammen hat. Stockt die Patience jedoch völlig, bevor einer dies Ziel erreicht hat, dann gilt derjenige als Sieger, der an diesem »toten Punkt« die meisten echten Familien komplett hat. Haben beide zufällig gleich viele komplette Familien, hat der gesiegt, der jetzt noch die wenigsten Karten im Talon hat.

Diese Patience kann man auch im Alleingang spielen. Sie heißt dann »Posten heraus« und wird ohne Räuberei durchgeführt, weil ja keiner da ist, der beraubt werden könnte. Ziel: vier echte Familien steigend auf den Grundkarten bauen. Es wird genauso gespielt, wie oben beschrieben. Geht nichts mehr, darf eine wei-

tere Hilfsreihe ausgelegt werden, diesmal aber nur eine zu *vier* Karten. Gelingt es dem Spieler nun, wenigstens eine echte Familie zu vollenden, darf er nochmals vier Karten als Hilfsreihe auslegen. Jetzt aber muß die Patience aufgehen, d. h. Hilfsreihen und Talon müssen sich abspielen lassen, ohne daß die Patience völlig ins Stocken gerät. Zu beachten ist, daß Freiplätze in den Hilfsreihen, die durch Anbau einer Karte an eine der steigenden Familien entstehen, oder aber durch Abbau einer ganzen Folge von Hilfsreihen auf echte steigende Familien, immer sofort vom Talon her neu besetzt werden dürfen.
Diese Patience macht Spaß, gleichviel, ob sie nun zu zweit als »Räuberei« gespielt wird, oder allein, als »Posten heraus« (wobei die vier Grund- oder Bestimmungskarten, die zuerst ausgelegt werden, die »Posten« sind).

Zankpatience

2 Spiele zu je 52 Blatt
So heißt sie nun einmal, und wir haben diesen Namen übernommen, obwohl »Spaßpatience« hübscher wäre. Warum denn sollte es Zank geben, wenn zwei Personen gegeneinander spielen? Folgerichtig wäre dann ja jedes Spiel ein Zankspiel, weil jedes Gewinner und Verlierer kennt. Wie auch immer – *uns* soll diese sehr reizvolle Patience also Spaß machen!
Zwei Spieler, nennen wir sie A und B, sitzen einander gegenüber. Jeder hat ein gut gemischtes Spiel zu zweiundfünfzig Karten in der Hand. Jeder zieht von diesem dreizehn Karten ab, die er – offen aufeinandergeschichtet – links von sich auslegt. Und jeder zieht weitere vier Karten vom Talon ab, die er als je eine senkrechte Reihe mitten auf dem Tisch auslegt. Erscheinen dabei Asse, werden sie sogleich zwischen die beiden Viererreihen gelegt. Deshalb muß zwischen diesen Reihen so viel Platz gelassen werden, daß jeweils zwei Karten Platz haben. (Acht Asse werden im Spielverlauf ausgelegt; paarweise, zwei zu zwei.)
Das Ziel der Patience ist es, auf den Assen echte Familien zu bauen, und zwar steigend, über Zwei, Drei, Vier . . . Bube, Dame, König.
Auf den senkrechten Viererreihen werden unechte Familien fal-

Zankpatience

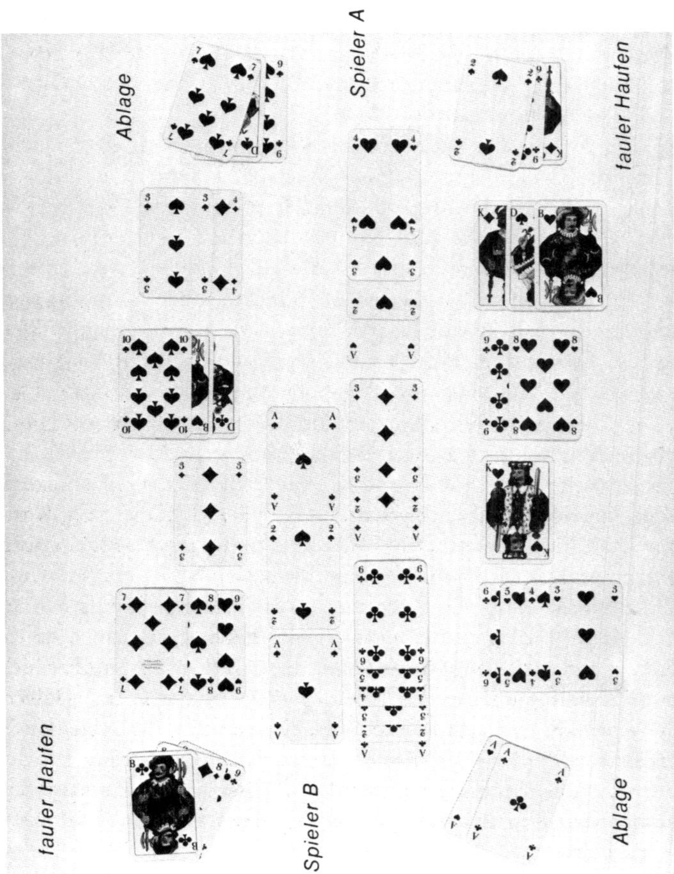

lend gebaut, d. h. schwarz-rot, bzw. rot-schwarz, immer im Wechsel. Hier muß nun eine Einschränkung gemacht werden: manche »Zankpatienceler« legen diese fallenden Familien ebenfalls »echt«, also farbgerecht, nicht also schwarz-rot, rot-schwarz im Wechsel. Wir empfehlen das aber nicht, denn – die Folgen wären fürchterlich. Warum? Wir kommen später darauf zurück.

Die dreizehn abgezogenen Karten nennen wir den »faulen Haufen«. Sie spielen nämlich nur insofern mit, als die jeweils oberste zum Bau mitverwendet werden darf. Unbrauchbare Karten, die wir vom Talon abziehen, werden offen, rechts vom Spieler gestapelt. Auch hier darf die jeweils oberste zum Bau verwendet werden. Ist der Talon durchgespielt, wird diese Ablage eingenommen und wiederum durchgespielt. Dies so oft, wie überhaupt noch Karten vorhanden sind.

Spieler A beginnt. Erscheint ein As und gar noch eine darauf passende Zwei während seiner Auslage, kommt dies mit der Zwei sogleich in die Mitte. Nimmt er es aus seiner Viererreihe, darf er den Freiplatz vom Talon wieder neu besetzen. Er zieht so lange Karten vom Talon, wie diese sich bauen lassen: entweder auf seine oder des Gegners As-Familien, oder – rot-schwarz, schwarz-rot fallend auf Karten seiner oder des Gegners Viererreihen. Damit aber nicht genug. Der Spieler behält auch stets den »faulen Haufen« und die Ablage seines Gegenspielers im Auge. Zieht er nämlich Karten vom Talon ab, die farbecht *oder* farbunecht, steigend oder fallend darauf gepackt werden können, legt er sie dorthin. Die echten Familien auf dem Tisch haben aber immer Vorrang. Karten, die sowohl dorthin passen, als auch auf des Gegners Ablage oder dessen »faulen Haufen«, müssen auf die echten Familien gebaut werden.

Jeder Spieler muß also Argusaugen haben, damit er keine Möglichkeit übersieht, und einen wachen Verstand braucht er auch, um nichts falsch zu machen. Jener, der gerade *nicht* am Zuge ist, muß genausogut achtgeben; denn wenn er seinen Gegenspieler bei einem Fehler ertappt, muß er klopfen. Das Spiel geht nun sofort an ihn über. Und das ist günstig für ihn, weil das Ziel der Patience nämlich ein zweifaches ist. Einmal kommt es auf den kompletten Bau echter Familien an, zum zweiten aber darauf, wer als Erster alle seine Karten los wird, sowohl die vom Talon, als die der Ablage, als die des »faulen Haufens«.

Und darum der Ärger, wenn der Spieler seinem Gegenspieler Karten aufpackt.
Jetzt kommen wir zurück auf die Frage: »An die Viererreihen farbechte Familien bauen oder solche, die rot-schwarz, schwarz-rot wechseln?« Bauen wir farbecht, kann es vorkommen, daß dem Gegenspieler statt einer oder zweier Karten eine ganze »Flöte« auf den »faulen Haufen« oder die Ablage gepackt wird. Dadurch würde das Spiel schier endlos werden, der Ärger wäre kaum vermeidbar. Beispiel: Auf dem »faulen Haufen« von B liegt eine Kreuz-Dame. Spieler A zieht vom Talon einen Kreuz-Buben, der den Anschluß bildet zur fallend gebauten Kreuz-Familie in einer der beiden Viererreihen. Da liegt nämlich eine fallende Kreuz-Flöte, die nun – steigend – der Dame auf dem toten Haufen des Gegners aufgepackt wird. Bauen wir aber rot-schwarz, schwarz-rot im Wechsel, bleibt die Aufpackerei in Grenzen. Sie können selbst entscheiden, wie Sie spielen wollen, ob farbecht fallend auf die Viererreihen bauen oder rot-schwarz, schwarz-rot im Wechsel.
Betrachten wir nun einmal unsere Bildtafel. Wir sind schon mitten im Spiel. B sei am Zuge. Er hat soeben ein Kreuz-As vom Talon gezogen. Es darf natürlich nicht auf der Ablage liegen bleiben, sondern kommt sofort auf einen der noch freien As-Plätze in der Mitte. Ferner muß die Flöte Herz-Neun, Pik-Acht, Karo-Sieben geschlossen hinübergelegt werden auf die Flöte Kreuz-Dame, Herz-Bube, Pik-Zehn. Der dadurch entstandene Freiplatz wird vom Talon neu besetzt. Nun zieht B eine Herz-Fünf vom Talon. Achtung: Sie muß auf die Herz-Vier der entsprechenden As-Familie!

Macht B keinen Fehler, wird er also nicht »abgeklopft«, so kann er vielleicht noch eine ganze Weile weiterspielen und dadurch Karten loswerden, was ja seinen Wünschen entgegenkommt. Aber, ach – er übersieht etwas! Er zieht nämlich eine Pik-Zwei vom Talon und – Sie sehen es auf der Bildtafel – legt diese an die Herz-Drei der Kreuz-Sechs, Herz-Fünf, Pik-Vier, Herz-Drei-Flöte, statt aufs Pik-As, das ja den Vorrang hat.
Spieler A aber hat gut aufgepaßt und klopft sofort. Wird aber nicht geklopft, weil es nichts zu klopfen gibt oder weil der Gegenspieler unaufmerksam ist, dann tritt der Spielerwechsel im-

mer dann ein, wenn der Gegenspieler alle seine Möglichkeiten erschöpft hat.
Dies mag alles ein wenig kompliziert anmuten. Einfach ist es in der Tat nicht, was aber gerade den Reiz dieser Patience für zwei Personen ausmacht.
Geht die Patience nicht auf, was oft genug vorkommt, dann zählen beide Spieler, nachdem alles endgültig festgefahren ist, jeder für sich die noch verbliebenen Karten im toten Haufen, in der Ablage, im Talon. Gesiegt hat, wer die wenigsten Karten besitzt.
Es erhebt sich nun noch die Frage: »Wie kriegt man denn den toten Haufen weg?« Dadurch, daß man die jeweils oberste Karte, falls anlegefähig, wegspielt. Dadurch, daß man sie, falls aufpackfähig, dem Gegner aufholzt. Auf den toten Haufen kommt ja nichts mehr, es sei denn, der Gegner packe etwas drauf. Hat er dazu aber keine Möglichkeit, verringert der tote Haufen sich im Spielverlauf nach der »Count-down-Methode« von dreizehn auf zwölf, elf . . . . . 3, 2, 1, Null. Um so größer der Verdruß, wenn dann, kurz vorm Nullpunkt, wieder aufgepackt wird auf den schon im Schwinden begriffen gewesenen toten Haufen.
Und nun ans Werk. Für diese Patience gilt nämlich das in besonders hohem Maße, was auch für andere Patiencen zutrifft: »Übung allein macht den Meister!«